ROMANIAN CONVERSATION GUIDE

Mihai Miroiu

HIPPOCRENE BOOKS

New York

For information, address: Hippocrene Books, Inc., 171 Madison Avenue, New York, NY 10016

ISBN 0-87052-803-3 (pbk.)

Printed in the United States by Hippocrene Books, Inc.

ON THE ROMANIAN LANGUAGE

Romanian or Rumanian (self-designation românește) is spoken by approximately 20 million people. It belongs to the Romance language group and, therefore, anybody who is acquainted with French, Spanish, or Italian will find many familiar expressions and grammatical features that will make it easier for him to speak and understand Romanian.

The language developed from the Latin brought to the ancient province of Dacia by the conquering Roman legions of Trajan (101-107 A.D.) This was for the most part not the classical language but the vulgar Latin spoken by the soldiers and lower-rank administrators.

After the withdrawal of the legionaries Dacia was successively invaded by various migrating tribes: the Germanic tribes of the Goths, Gepides and Vandals; the Huns and the Avars. At the beginning of the 6th century the first Slav tribes arrived and their migration continued until the end of the 7th century. They were followed by the Bulgarians who ultimately settled south of the Danube. At the end of the 9th century the Magyars, an Ural-Altaic tribe, crossed the Carpathians and occupied the plain of the Danube basin where they have remained to this day. The last Asian tribes to sweep through the Dacian region were the Pechenegs, the Cumanians, and the Tartars.

Contemporary Romanian is now a harmonious blending of the ancient native language and Latin with elements of the languages of the people, friend and foe, with whom the ancestors of the Romanians had fought and traded throughout their history. And so we find influences of Greek, Slavic, Turkish, Bulgarian and Hungarian. In the 19th century there was a tendency to Latinization and neologisms derived from French and Italian were introduced into the language of the educated classes and thus further reduced the percentage of the non-romance vocabulary.

There are several characteristic linguistic features in the Romanian language some showing the twofold inheritance of Latin and Slavic language groups.

Originally Romanian was written in the Cyrillic alphabet, but in the 19th century the Roman alphabet was introduced. (We are sure that the users of this conversation guide are glad that this transition took place)

THE PUBLISHER

CONTENTS

	Page		Pag.
Preface	9	Prefață	9
Key to pronunciation	11	Semnele fonetice	11
EVERYDAY PHRASES	15	EXPRESII UZUALE	15
Speaking foreign languages	15	Limbile străine	15
Greetings	17	Formule de salut	17
Wishes	18	Propoziții exprimînd o urare	18
Introductions	19	Formule de prezentare	19
Starting a conversation	20	Cum începem o conversație	20
Questions, requests	21	Propoziții exprimînd o întrebare, o rugăminte	21
Questions and answers	23	Întrebări și răspunsuri	23
Agreement	24	Propoziții exprimînd consimțămîntul	24
Denial	25	Propoziții exprimînd refuzul	25
Apologies, expressions of regret	26	Propoziții exprimînd scuza, regretul	26
Appointments, invitations, visits	27	Fixarea unei întîlniri, invitații, vizite	27
Thanks	28	Propoziții exprimînd recunoștința	28
TRAVELLING	29	ÎN CĂLĂTORIE	29
By railway	29	Cu trenul	29
By air	32	În avion	32
By ship	34	Pe vapor	34
By car	36	În automobil	36
Arrival. Customs examination	38	Sosirea. Controlul vamal	38
Nationality	40	Naționalitatea	40
Money. Currency exchange	41	Banii. Schimbul	41

	Page			Pag
NUMERALS. MEASURES. WEIGHTS. ARITHMETICAL OPERATIONS . . .	42	NUMERALE. MĂSURI, GREUTĂŢI. OPERAŢII ARITMETICE	42
COLOURS. QUALITIES .	46	CULORI. CALITĂŢI . . .	46
THE TIME	48	TIMPUL	48
THE WEATHER	51	VREMEA	51
AT THE HOTEL	53	LA HOTEL	53
General expressions	53	Expresii generale	53
Heating	56	Încălzirea	56
In the evening	56	Seara	56
In the morning	57	Dimineaţa	57
IN A RESTAURANT . .	58	LA RESTAURANT . . .	58
General expressions . . .	58	Expresii generale	58
Breakfast	60	Micul dejun.	60
Lunch and dinner	62	Prînzul şi cina	62
GETTING ABOUT TOWN	66	ÎN ORAŞ	66
Asking one's way	66	Cum ne orientăm	66
City transport	68	Transportul urban	68
Seeing the sights	70	Vizitarea oraşului	70
Notices, signs	73	Indicatoare, semne	73
At the post office	74	La oficiul poştal	74
Speaking on the phone . .	76	Convorbire telefonică . . .	76
Writing a letter	78	Corespondenţă	78
Taking a room	79	Închirierea unei camere . .	79
SHOPPING	80	ÎN MAGAZINE	80
General expressions	80	Expresii generale	80
At a grocer's shop	83	La băcănie	83
At a greengrocer's/fruiterer's	84	Legume şi fructe	84
At a sweet-shop.	85	La bombonerie	85
At a shoe-shop	85	La magazinul de încălţăminte	85
At a bookseller's	87	La librărie	87
At the stationer's	89	La papetărie	89

	Page		Pag.
Newspapers	90	Ziare	90
At the tobacconist's	90	La tutungerie	90
At a department store	91	La un magazin universal	91
Gentleman's outfitter	91	Confecţii bărbaţi	91
Ladies' dress department	93	Confecţii femei	93
Materials	93	Stofe	93
Haberdashery	94	Galanterie	94
Hats	95	Pălării	95
Knitted goods	96	Tricotaje	96
Cosmetic department	96	Raionul cosmetică	96
Jewellery	97	Bijuterii	97
Electrical appliances	98	Aparate electrice	98
China and glassware	98	Obiecte de porţelan şi sticlă	98
Furniture	99	Mobilă	99
Photographic goods	99	Articole fotografice	99
Musical instruments	99	Instrumente muzicale	99
Sports goods	100	Articole sportive	100
At the optician's	101	Instrumente optice	101
At a flower shop	102	La florărie	102
At a folk art and craft shop	102	La un magazin de artizanat	102
ESSENTIAL SERVICES	103	SERVICII	103
At the tailor's (dressmaker's)	103	La croitorie	103
At the shoemaker's	106	La cizmar	106
At the hairdresser's	107	La frizerie/coafor	107
PROFESSIONS, TRADES	108	PROFESIUNI, MESERII	108
FAMILY, RELATIONSHIP	112	FAMILIA, GRADE DE RUDENIE	112
Age, appearance	112	Vîrsta, înfăţişarea	112
House, garden	114	Casa, grădina	114
AMUSEMENTS, PASTIMES	117	DISTRACŢII OCUPAŢII ÎN TIMPUL LIBER	117
General expressions	117	Expresii generale	117
Cinema	118	Cinema	118

7

	Page		Pag.
Theatre	120	Teatru	120
Music. Opera, concert	121	Muzică. Operă, concert	121
Dancing	123	Dansul	123
Museums and exhibitions	124	Muzee și expoziții	124
Radio and television	125	Radioul și televiziunea	125
Taking pictures	127	Fotografia	127
Going on a trip	128	În excursie	128
EDUCATION AND SCIENTIFIC RESEARCH	130	ÎNVĂȚĂMÎNTUL ȘI CERCETAREA ȘTIINȚIFICĂ	130
General expressions	130	Expresii generale	130
Primary/secondary school	131	Școala primară/secundară	131
University	133	Universitatea	133
Books and reading	135	Lectura	135
Scientific research	136	Cercetarea științifică	136
HEALTH	137	SĂNĂTATEA	137
General expressions	137	Expresii generale	137
At the doctor's	139	La doctor	139
At the dentist's	141	La dentist	141
At the chemist's	142	La farmacie	142
SPORTS	143	SPORT	143
English Index	149	Indice englez	149
Romanian Index	169	Indice român	169

PREFACE

This book aims at helping the English speaking visitor to Romania, who does not know Romanian, to explain what he wants, ask questions and make requests.

The expressions and phrases needed to make oneself understood, which cover important situations of everyday life, are given in a simple and easy way and arranged in the form of possible conversations. These are written in modern colloquial language spoken by the average Englishman or Romanian of today — short and simple in vocabulary, grammar and syntax. Emphasis has been placed on the frequency of word sequences rather than of individual words and only sentences which occur naturally and frequently in conversation have been included.

For the convenience of the reader it has been thought advisable to give the phonetic transcription of every phrase of the Romanian text. The symbols are explained in the key to pronunciation.

Naturally, the present volume cannot claim to provide for every occasion and situation. Therefore the author would welcome any criticism or suggestions that may be offered.

MIHAI MIROIU

KEY TO PRONUNCIATION

Romanian sound	English sound	Phonetic symbol
	Vowels	
a	similar to the first element of the English diphthong in words like *cow, sight*	a
ă	very similar to the English vowel occurring at the end of words like *mother, sister*	ə
e	similar to the English vowel sound which occurs in words like *then, pen*	e
i	about the same as the sound in such English words as *sea, feet*	i
short i	final *i* in unstressed positions	i
î	does not occur in English. It resembles the vowel sound represented by *o* in words like *kingdom, lesson* if somewhat lengthened and stressed	î
o	comes closest to the *o* sound in words like *sort, port*	o
u	similar to the English *oo* in *book* and *good*, though longer than the former and shorter than the latter	u

Diphthongs

ai	similar to the English diphthong occurring in *lime, fine*	ai
ei	similar to the English diphthong occurring in *bay, prey, ray*	ei
oi	similar to the English diphthong occurring in *choice, boy*	oi
au	similar to the English diphthong occurring in *how, now*	au

11

Romanian sound	English sound	Phonetic symbol
ău	similar to the English diphthong occurring in *go, no, so*	әu
iu	similar to the English diphthong occurring in *you, yew*	ju
ia	similar to the English diphthong occurring in *yard*	ja

Semi Vowels

i	in initial position in diphthongs and triphthongs and in *ea* when the diphthong is initial. This sound is similar to the English *y* in *year*	j
u	in initial position in diphthongs and triphthongs, also in *oa* when the diphthong is initial. This sound resembles the English *w* in *what* Ex. oare (w*a*re), soare (sw*a*re)	w

Consonants

p	similar to the English *p* in words like *space, spare*, with no aspiration	p
b	similar to the English *b* in words like *bell, bend*	b
t	similar to the English *t* in words like *stare, store*; it has no aspiration and it is a dental sound	t
d	similar to the English *d* in words like *address* (no aspiration, it is a dental sound)	d
c	similar to the English sound represented by *c, k, q* in words like *school, scant, skim, square*	k
g	similar to the English sound in *girl, gone*	g
che, chi	similar to the English sounds in *scale, skill*. A palatalized sound followed by a very short *i* which is part of it Ex. chin, pereche, cheie kin, per*e*ke, k*e*je	ke, ki
ghe, ghi	similar to the English sounds in *give, guest, get*. It is a palatalized sound followed by a very short *i*	ge, gi

12

Romanian sound	English sound	Phonetic symbol
ţ	similar to the English final cluster in *its*, *bits*. The Romanian sound can stand at the beginning or in the middle of a word	ts
ce, ci	similar to the final cluster in such English words as *beach*, *catch*, *thatch* and initial cluster in *check*, *cheek*	tʃe, tʃi
ge, gi	similar to the English dʒ-sound in *gender*, *Jane*, *genius*, *gin*	dʒe, dʒi
f	similar to the English *f* in *fall*, *fade*	f
v	similar to the English *v* in *vow*, *voice*	v
s	similar to the English *s* in *sea*, *sun*	s
ş	similar to the English ʃ in *assure*, *ship*	sh
j	similar to the English ʒ in *measure*	ʒ
h	similar to the English *h* in *behind*, *hand*	h
m	similar to the English *m* in *match*, *mate*, *mother*	m
n	similar to the English *n* in *nail*, *navy* (but it is an alveolar not a dental sound)	n
l	similar to the English *l* in *love*, *long*, *alone*	l
r	rolled consonant similar to the *r* used in Scotland and Northern Ireland (*farm*, *churn*, *Burns*)	r
x	similar to the English final sound in *box*, *excellent*	ks
z	similar to the English *z* in *zero*, *zoo*	z

Note: The vowels in stressed syllables appear in italicized letters.

Speaking Foreign Languages / Limbile străine / limbile strəine

Speaking Foreign Languages	Limbile străine	limbile strəine
Do you speak English?	Vorbiţi englezeşte?	vorbitsi englezeshte?
Just a little. I only know a few words.	Puţin. Cunosc doar cîteva cuvinte.	putsin. kunosk dwar kiteva kuvinte.
I don't speak/understand English very well.	Nu vorbesc/înţeleg prea bine englezeşte.	nu vorbesk/intseleg prea bine englezeshte.
I don't know enough English to make myself understood.	Nu cunosc îndeajuns engleza pentru a mă face înţeles.	nu kunosk îndeaʒuns engleza pentru a mə fatʃe întseles.
My English is very poor.	Cunoştinţele mele de engleză sînt foarte sărace.	kunoshtintsele mele de englezə sînt fwarte səratʃe.
You speak good English.	Vorbiţi bine englezeşte.	vorbitsi bine englezeshte.
Your pronunciation of English is practically faultless.	Dvs. aveţi o pronunţie englezească impecabilă.	dumneavwastrə avetsi o pronuntsie englezeaskə impekabilə.
Where have you learnt English?	Unde aţi învăţat englezeşte?	unde atsi învətsat englezeshte?
You speak English almost as well as Romanian.	Vorbiţi englezeşte aproape la fel de bine ca româneşte.	vorbitsi englezeshte aprwape la fel de bine ka romîneshte.
Do you understand me?	Mă înţelegeţi?	mə întseledʒetsi?
I don't quite understand you.	Nu prea vă înţeleg.	nu prea və întseleg.
What languages can you speak?	Ce limbi vorbiţi?	tʃe limbi vorbitsi?
I'm not good at languages.	Nu am aptitudini pentru limbi (străine).	nu am aptitudini pentru limbi strəine.
How long have you been learning English?	De cît timp învăţaţi engleza?	de kît timp învətsatsi engleza?
I've been learning it for almost five years.	O învăţ de aproape cinci ani.	o învəts de aprwape tʃintʃi ani.

15

English	Romanian	Pronunciation
I don't get enough practice in conversation.	Nu prea am prilejul să conversez.	nu prea am prileʒul sə konversez.
How are you getting on with your English?	Cum merge cu engleza?	kum merdʒe ku engleza?
I'm getting on all right.	Merge bine.	merdʒe bine.
Your English has improved.	Cunoştinţele dvs. de engleză s-au îmbogăţit.	kunoshtintsele dumneavwastrə de englezə sau îmbogətsit.
I've forgotten almost everything.	Am uitat aproape totul.	am uitat aprwape totul.
Do you find English difficult?	Găsiţi că engleza este o limbă grea?	gəsitsi kə engleza jeste o limbə grea?
Are you with me?	Urmăriţi ceea ce spun?	urməritsi tʃeea tʃe spun?
Would you mind repeating that (saying that again)?	Vreţi să repetaţi (să mai spuneţi o dată)?	vretsi sə repetatsi (sə mai spunetsi o datə)?
It seems to me that the Romanians talk very quickly.	Mi se pare că românii vorbesc foarte repede.	mi se pare kə romînii vorbesk fwarte repede.
He speaks Romanian fluently.	El vorbeşte româneşte curgător.	el vorbeshte romîneshte kurgətor.
I'm out of practice.	Îmi lipseşte exerciţiul.	îmi lipseshte exercitsiul.
Is it used in actual speech?	Se foloseşte în vorbirea curentă?	se foloseshte în vorbirea kurentə?
Let's talk in Romanian.	Să vorbim româneşte.	sə vorbim romîneshte.
What's that called in Romanian?	Cum se spune în româneşte?	kum se spune în romîneshte?
I can't remember the Romanian for ...	Nu-mi amintesc cum se spune în româneşte la ...	numi amintesk kum se spune în romîneshte la ...
Let's look up this word in the dictionary.	Să căutăm acest cuvînt în dicţionar.	sə kəutəm atʃest kuvînt în diktsionar.
How do you spell it?	Cum se scrie?	kum se skrie?
Is this a literary expression?	Aceasta este o expresie literară?	atʃasta jeste o ekspresie literarə?
What does this word mean?	Ce înseamnă acest cuvînt?	tʃe înseamnə atʃest kuvînt?
How do you pronounce this word?	Cum se pronunţă acest cuvînt?	kum se pronuntsə atʃest kuvînt?
Would you speak a little slower?	Vreţi să vorbiţi puţin mai rar?	vretsi se vorbitsi putsin mai rar?

16

Don't use this slang word.	Nu folosiţi acest cuvînt argotic.	nu folositsi atʃest kuvínt argotik.
Where is the stress?	Unde cade accentul?	unde kade aktʃentul?
I have picked up a few Romanian words and phrases.	Am învăţat cîteva cuvinte şi expresii româneşti.	am învətsat kiteva kuvinte shi ekspresii romîneshti.
I still find it difficult to read/understand/ speak Romanian.	Am încă dificultăţi în citirea/înţelegerea/ vorbirea limbii române.	am ínkə difikultətsi în tʃitirea/întseledʒerea/ vorbirea limbii romíne.
I have quite a lot of trouble with my Romanian pronunciation.	Întîmpin multe dificultăţi în pronunţarea limbii române.	întîmpin multe difikultətsi în pronuntsarea limbii romíne.
Why don't you take lessons?	De ce nu luaţi lecţii?	detʃe nu lwatsi lektsii?
Do you get any opportunity for practising Romanian at home?	Aveţi ocazia să vorbiţi româneşte acasă?	avetsi okazia sə vorbitsi romîneshte akasə?

Greetings	**Formule de salut**	formule de salut
Good morning.	Bună dimineaţa.	bunə dimineatsa.
Good afternoon.	Bună ziua.	bunə ziwa.
Good evening.	Bună seara.	bunə seara.
Good night.	Noapte bună.	nwapte bunə.
Hallo!	Salut!	salut!
How nice to see you again.	Mă bucur că vă revăd.	mə bukur kə və revəd.
We haven't met for a long time, have we?	Nu ne-am văzut de mult, nu-i aşa?	nu neam vəzut de mult, nui asha?
I haven't seen you for weeks/for ages.	Nu v-am văzut de săptămîni/de un car de ani.	nu vam vəzut de səptəmîni/de un kar de ani.
What have you been doing all the time?	Ce aţi făcut în acest timp?	tʃe atsi fəkut în atʃest timp?
Where've you been?	Unde aţi fost?	unde atsi fost?
I have missed you.	Mi-aţi lipsit.	miatsi lipsit.
Have you been away?	Aţi fost plecat?	atsi fost plekat?
Oh, how nice to have you back!	Ce bine că v-aţi întors!	tʃe bine kə vatsi întors!
How are you feeling?	Cum vă simţiţi?	kum və simtsitsi?

17

How's your family?	Ce face familia?	tʃe fatʃe família?
See you on Monday.	Ne vedem luni.	ne vedem luni.
See you later (I'll be seeing you).	Pe curînd.	pe kurînd.
How are things?	Cum vă merg treburile?	kum və merg treburile?
I must go now. See you later.	Trebuie să plec. Ne vedem mai tîrziu.	trebuje sə plek. Ne vedem mai tîrziu.
I'm sorry to see you go.	Îmi pare rău că plecaţi.	îmi pare rəu kə plekatsi.
You haven't to leave yet, have you?	Nu trebuie să plecaţi încă, nu-i aşa?	nu trebuje sə plekatsi înkə, nui aʃa?
Don't go yet. Please, stay.	Nu plecaţi. Mai staţi, vă rog.	nu plekatsi. mai statsi, və rog.
You're not in a hurry, are you?	Nu vă grăbiţi, nu-i aşa?	nu və grəbitsi, nui aʃa?
We'll see you tomorrow, shan't we?	Ne vom vedea mîine, nu?	ne vom vedea mîine, nu?
I hope we'll meet again.	Sper că ne vom mai vedea.	sper kə ne vom mai vedea.
We're looking forward to seeing you on Sunday.	Ne va face plăcere să vă vedem duminică.	ne va fatʃe plətʃere sə və vedem duminikə.
Give my regards to everybody.	Transmiteţi tuturor salutări din partea mea.	transmitetsi tuturor salutəri din partea mea.
It's been a pleasure meeting you.	A fost o plăcere pentru mine să vă cunosc.	a fost o plətʃere pentru mine sə və kunosk.
Remember me to your wife.	Complimente soţiei dvs.	komplimente sotsiei dumneavwastrə.
I've enjoyed seeing you. Come back soon.	Mi-a părut bine că v-am văzut. Întoarceţi-vă curînd.	mia pərut bine kə vam vəzut. întwartʃetsivə kurînd.

Wishes	Propoziţii exprimînd o urare	propozitsii exprimînd o urare
Have a good time!	Distracţie plăcută!	distraktsie pləkutə!
I hope you'll enjoy yourself.	Vă doresc petrecere plăcută.	və doresk petretʃere pləkutə.
Happy birthday to you!	La mulţi ani!	la multsi ani!
I wish you many happy returns of the day.	Vă doresc la mulţi ani (cu ocazia zilei onomastice/de naştete).	və doresk la multsi ani (ku okazia zilei onomastitʃe/de nashtere).

18

Good luck! All the best!	Noroc! Numai bine!	norok! numai bine!
A merry Christmas!	Sărbători fericite!	sərbətori ferit ite!
Same to you.	Asemenea și dvs.	asemenea shi dumneavwastrə.
I wish you a Happy New Year.	Vă doresc un An nou fericit.	və doresk un an nou ferit it.
Here's to you! (as a toast).	În sănătatea dvs.! (Noroc!)	în sənətatea dumneavwastrə! (norok!)
I'd like to congratulate you on your marriage.	Vreau să vă felicit cu ocazia căsătoriei.	vreau sə və felit,it ku okazia kəsətoriei.
My congratulations to you.	Felicitările mele.	felit,itərile mele.
Take care of yourself!	Îngrijiți-vă! (Menajați-vă!)	îngriʒitsivə t (menaʒatsivə!)
Have a good journey!	Călătorie plăcută!	kələtorie pləkutə!

Introductions — Formule de prezentare — formule dc prezentare

Allow me to introduce Mr. ... to you.	Permiteți-mi să vă prezint pe dl ...	permitetsimi sə və prezint pe domnul ....
Pleased(glad)(delighted) to meet you.	Încîntat să vă cunosc.	înkîntat sə və kunosk.
How do you do?	Încîntat.(Îmi pare bine.)	înkîntat.(îmi pare bine.)
I don't think we have met before.	Nu cred că· ne-am mai cunoscut.	nu kred kə neam mai kunoskut.
May I introduce myself? My name is	Pot să mă prezint? Mă numesc	pot sə mə prezint? mə numesk ....
You know Mr...., don't you?	Îl cunoașteți pe dl ..., nu-i așa?	îl kunwashtetsi pe domnul ..., nui asha?
No, I don't think so.	Nu, nu cred că-l cunosc.	nu, nu kred kəl kunosk.
Mr. ..., a friend of mine, Mrs	Dl. ..., un prieten, Dna	domnul ..., un prieten, dwamna ....
I want you to meet Mrs	Vreau s-o cunoașteți pe doamna	vreau so kunwashtetsi pe dwamna ....
Have you met Mrs...?	Ați cunoscut-o pe doamna ...?	atsi kunoskuto pe dwamna ...?
Yes, certainly. I made her acquaintance last year.	Da, desigur. Am făcut cunoștință cu ea anul trecut.	da, desigur. am fəkut kunoshtintsə ku ja anul treki t.

19

Why didn't you say you knew him?	De ce nu mi-ați spus că-l cunoașteți?	detʃe nu miatsi spus kəl kunwashtetsi?
I've never seen him before.	Nu l-am văzut niciodată.	nu lam vəzut nitʃodatə.
I know her by sight/ by name.	O cunosc din vedere/ după nume.	o kunosk din vedere/ dupə nume.

Starting a Conversation / Cum începem o conversație / kum întʃepem o konversatsie

Sorry for interrupting you, but I should like to speak to you.	Iertați-mă că vă întrerup, dar aș vrea să vă vorbesc.	iertatsimə kə və întrerup, dar ash vrea sə və vorbesk.
Am I intruding?	Deranjez?	deranʒez?
Are you very busy at the moment?	Sînteți foarte ocupat acum?	sîntetsi fwarte okupat akum?
Could you spare me a moment?	Mi-ați putea acorda o clipă?	miatsi putea akorda o klipə?
Can I have a word with you?	Pot vorbi ceva cu dvs?	pot vorbi tʃeva ku dumneavwastrə?
Could I see him, please?	Aș putea să-l văd, vă rog?	ash putea səl vəd, və rog?
Can I help you?	Vă pot ajuta?	və pot aʒuta?
What can I do for you?	Cu ce vă pot fi de folos?	ku tʃe və pot fi de folos?
I'd just like to tell you that....	Aș vrea doar să vă spun că	ash vrea dwar sə və spun kə ....
Well, you see it's like this.	Ei bine, iată cum stau lucrurile.	ei bine, jatə kum stau lukrurile.
May I ask you a question (something)?	Pot să vă întreb ceva?	pot sə və întreb tʃeva?
There's a lady who wants to see you.	O doamnă vrea să vorbească cu dvs.	o dwamnə vrea sə vorbeaskə ku dumneavwastrə.
Are you going my way? Let's walk along together.	Mergeți în direcția mea? Să mergem împreună.	merdʒetsi în direktsia mea? sə merdʒem împreunə.
What do you think of ...?	Ce credeți despre ...?	tʃe kredetsi despre ...?
That reminds me of ...	Aceasta îmi amintește de	atʃasta îmi aminteshte de ....

20

Questions, Requests	Propoziții exprimînd o întrebare, o rugăminte	propozitsii eksprimínd o întrebare, o rugəminte
What do you want?	Ce doriți?	tʃe doritsi?
Who are you looking for?	Pe cine căutați?	pe tʃine kə́utatsi?
Who can I ask?	Pe cine pot întreba?	pe tʃine pot întreba?
Where do I find it?	Unde îl/o găsesc?	unde îl/o gəsesk?
What's it for?	La ce servește aceasta?	la tʃe serveshte atʃasta?
Who told you that?	Cine v-a spus aceasta?	tʃine va spus atʃasta?
How's that?	Cum așa?	kum asha?
What's happened?	Ce s-a întîmplat?	tʃe sa întîmplat?
What do you mean by this?	Ce vreți să spuneți cu aceasta?	tʃe vretsi sə spunetsi ku at asta?
Is there anything wrong?	S-a întîmplat ceva?	sa întîmplat tʃeva?
Don't you like it?	Nu vă place?	nu və platʃe?
What's that?	Ce este aceasta?	tʃe jeste atʃasta?
What news?	Ce vești?	tʃe veshti?
What about it?	Ce este cu aceasta?	tʃe jeste ku at asta?
Is there anything I can do for you?	Vă pot ajuta cu ceva?	və pot aʒuta ku tʃeva?
May I ask you a favour?	Pot să vă cer un serviciu?	pot sə və tʃer un servitʃu?
Could you do me a favour?	Mi-ați putea face un serviciu?	mjatsi putea fatʃe un servitʃu?
Certainly, what is it?	Desigur, despre ce este vorba?	desigur, despre tʃe jeste vorba?
Can you tell me where it is?	Îmi puteți spune unde este?	îmj putetsi spune unde jeste?
Do you know the place?	Cunoașteți locul?	kunwashtetsi lokul?
What do you suggest?	Ce propuneți?	tʃe propunetsi?
What makes you say that?	Ce vă face să spuneți asta?	tʃe və fat e sə spunetsi asta?
What difference does it make?	Ce importanță are?	tʃe importantsə are?
What do you think of that?	Ce credeți despre asta?	tʃe kredetsi despre asta?
Which one do you want?	Pe care îl vreți?	pe kare îl vretsi?
Where are you going?	Unde mergeți (vă duceți)?	unde merdʒetsi (və dutʃetsi)?
Where did you hear that?	Unde ați auzit asta?	unde atsi auzit asta?

21

English	Romanian	Pronunciation
Where shall I put it?	Unde să-l/s-o pun?	unde səl/so pun?
When do you expect them?	Cînd îi aşteptaţi?	kînd îi ashteptatsi?
When are you leaving?	Cînd plecaţi?	kînd plekatsi?
Why are you so late?	De ce aţi întîrziat atît?	detʃe atsi întîrziat atît?
Why did you do that?	De ce aţi făcut asta?	det e atsi fəkut asta?
It's all right, isn't it?	Este în ordine, nu?	jeste în ordine, nu?
It isn't true, is it?	Nu-i aşa că nu-i adevărat?	nui asha kə nui adevərat?
Is it any good?	Merită?	meritə?
Have you lost anything?	Aţi pierdut ceva?	atsi pierdut t͡ʃeva?
Can you manage?	Vă puteţi descurca?	və putetsi deskurka?
I've got a request to make.	Am o rugăminte.	am o rugəminte.
May I have your pen? — Please do.	Pot să împrumut stiloul dvs.? — Vă rog.	pot sə împrumut stiloul dumneavwastrə? — və rog.
May I have a cigarette, please?	Pot lua o ţigară, vă rog?	pot lwa o tsigarə, və rog?
Here you are! Help yourself.	Poftiţi! Serviţi-vă!	poftitsi! servitsivə!
May I trouble you for a light?	Vă pot deranja pentru un foc?	və pot deranʒa pentru un fok?
Do you mind if I smoke?	Aveţi ceva împotrivă dacă fumez?	avetsi t eva împotrivə dakə fumez?
Hold this for a minute.	Ţineţi aceasta puţin.	tsinetsi at asta putsin.
Leave it on the table.	Lăsaţi-o pe masă.	ləsatsio pe masə.
Put it there, please.	Puneţi-l acolo, vă rog.	punetsil akolo, və rog.
Show me how to do it.	Arătaţi-mi cum să fac.	arətatsimi kum sə fak.
Open the door, please.	Deschideţi uşa, vă rog.	deskidetsi usha, və rog.
Shut the door, will you?	Închideţi uşa, vă rog.	înkidetsi usha, və rog.
Will you do this for me?	Vreţi să faceţi aceasta pentru mine?	vretsi sə fat etsi at asta pentru mine?
Allow me to help you.	Permiteţi-mi să vă ajut.	permitetsimi sə və aʒut.
Will you, please, give me a hand?	Vreţi, vă rog, să-mi daţi o mînă de ajutor?	vretsi, və rog, səmi datsi o mînə de aʒutor?
Please, let me know as soon as possible.	Vă rog să mă anunţaţi cît mai curînd posibil.	və rog sə mə anuntsatsi kît mai kurînd posibil
Sit here.	Şedeţi aici.	shedetsi ait͡ʃi.

22

Take your time. Would you see' to that matter right away, please?	Nu vă grăbiţi. Vreţi să vă ocupaţi de această chestiune imediat?	nu və grəbitsi. vretsi sə və okupatsi de atʃastə kestjune imediat?

Questions and Answers   Întrebări şi răspunsuri   întrebəri shi rəspunsuri

Are you ready? — No, not yet.	Sînteţi gata? — Încă nu.	sîntetsi gata? — înkə nu.
Anything serious? — No, nothing really serious.	Ceva serios? — Nu, nu-i nimic grav.	t̩eva serios? — nu, nui nimik grav.
Are you sure? — I'm positive.	Sînteţi sigur? — Foarte sigur.	sîntetsi sigur? — fwarte sigur.
Do you like it? — Not particularly.	Vă place? — Nu în mod deosebit.	və plat e? — nu în mod deosebit.
How are things with you today? — Fine, thanks.	Cum ,vă simţiţi azi? (Cum o duceţi?) — Bine, mulţumesc.	kum və simtsitsi azi? (kum o dut etsi?) — bine, multsumesk.
How is it you forgot? — I don't know.	Cum de aţi uitat? — Nu ştiu.	kum de atsi witat? — nu shtiu.
Haven't we met before? — Yes, but I can't remember where.	Nu ne-am mai cunoscut cîndva? — Ba da, dar nu-mi amintesc unde.	nu neam mai kunoskut kîndva? — ba da, dar numi amintesk unde.
Is that a promise? — I should say so.	E o promisiune? — Se înţelege că da.	je o promisiune? — se întseledʒe kə da.
Is anything wrong? — I thought I'd forgotten my keys.	S-a întîmplat ceva? — Am crezut că mi-am uitat cheile.	sa întîmplat t eva? — am krezut kə mjam witat keile.
May I join you? — Please do.	Pot să stau împreună cu dumneavoastră? — Da, vă rog.	pot sə stau împreunə ku dumneavwastrə? — da, və rog.
Who are you? — I'm a friend of John's.	Cine sînteţi dumneavoastră? — Sînt un prieten al lui Ion.	t̩ine sîntetsi dumneavwastrə? — sînt un prieten al lui jon.
Who's that? — It's me.	Cine este? — Eu sînt.	t̩ine jeste? — jeu sînt.
Where have you been? — To the hairdresser.	Unde aţi fost? — La coafor.	unde atsi fost? — la koafor.

23

Where shall we go? — Let's go to a show.	Unde mergem? — Să mergem la un spectacol.	unde mɛrdʒem? — sə mɛrdʒem la un spektakol.
What are you doing here? — Waiting for my girl friend.	Ce faceţi aici? — O aştept pe prietena mea.	tʃe fatʃetsi aitʃi? — o ashtɛpt pe prietena mea.
What have you been doing all day? — Working.	Ce aţi făcut toată ziua? — Am lucrat.	tʃe atsi fəkut twatə ziua? — am lukrat.
What's that fellow saying? — I've no idea.	Ce spune omul acela? — Habar n-am.	tʃe spune omul atʃela? — habar nam.
What did you tell him? — I didn't tell him anything.	Ce i-aţi spus? — Nu i-am spus nimic.	tʃe jatsi spus? — nu jam spus nimik.
Will you be going there tomorrow? — I don't think so.	Vă duceţi mîine acolo? — Nu cred.	və dutʃetsi mîine akolo? — nu kred.
You saw them, didn't you? — Of course.	Nu-i aşa că i-aţi văzut? — Desigur.	nui asha kə jatsi vəzut? — desigur.

Agreement	Propoziţii exprimînd consimţămîntul	propozitsii exprimînd konsimtsəmîntul
Yes, indeed.	Da, într-adevăr.	da, întradevər.
Of course.	Desigur. (Fireşte.)	desigur (fireshte.)
Yes, that's true.	Da, este adevărat.	da, jeste adevərat.
I'm sure of that.	Sînt sigur de asta.	sînt sigur de asta.
So it is.	Aşa este.	asha jeste.
I see. Very well.	Înţeleg. Foarte bine.	întseleg. fwarte bine.
That's right.	Da, întocmai.	da, întokmai.
Quite so.	Chiar aşa este.	kjar asha jeste.
I think so.	Cred că da.	kred kə da.
By all means.	Negreşit. (În orice caz.)	negreshit. (în oritʃe kaz.)
Yes, you'd better do it.	Da, ar fi mai bine s-o faceţi.	da, ar fi mai bine so fatʃetsi.
That's a good idea.	E o idee bună.	je o idee bunə.
That will do nicely.	Va fi foarte bine.	va fi fwarte bine.
It's just what I wanted.	E tocmai ceea ce am dorit.	je tokmai tʃeea tʃe am dorit.
I quite agree with you.	Sînt întru totul de acord cu dvs.	sînt întru totul de akord ku dumneavwastrə.

That's my opinion, too.	Aceasta este şi părerea mea.	atʃasta jeste shi pərerea mea.
I think I know what you mean.	Cred că ştiu ce vreţi să spuneţi.	kred kə shtiu tʃe vretsi sə spunetsi.
You were right after all.	Aţi avut totuşi dreptate.	atsi avut totushi dreptate.
That goes without saying.	Se înţelege de la sine.	se întseledʒe de la sine.
I don't mind admitting that ...	Trebuie să recunosc că ...	trebuje sə rekunosk kə ....
There's no doubt about that.	Nu există nici o îndoială în această privinţă.	nu egzistə nitʃo îndojalə în atʃastə privintsə.
That's agreed.	De acord.	de akord.

Denial / Propoziţii exprimînd refuzul / propozitsii exprimínd refuzul

Certainly not!	Categoric nu!	kategorik nu!
No, I can't tell you.	Nu, nu vă pot spune.	nu, nu və pot spune.
Sorry, I have no idea.	Regret, nu ştiu.	regret, nu shtiu.
No, I won't do it.	Nu, n-o voi face.	nu, no voi fatʃe.
I don't want to come.	Nu vreau să vin.	nu vreau sə vin.
I'll do nothing of the kind.	Nici nu mă gîndesc să fac aşa ceva.	nitʃi nu mə gîndesk sə fak asha tʃeva.
I think you're wrong.	Cred că greşiţi.	kred kə greshitsi.
You are mistaken.	Vă înşelaţi.	və înshelatsi.
That isn't true.	Nu este adevărat.	nu jeste adevərat.
That's not the question.	Nu aceasta este problema.	nu atʃasta jeste problema.
That's beside the point.	Asta nu are nici o legătură cu chestiunea.	asta nu are nitʃo legə- turə ku kestiunea.
I don't see why.	Nu văd de ce.	nu vəd detʃe.
I can't see much sense in it.	Nu văd ce rost are aceasta.	nu vəd tʃe rost are atʃasta.
I object to that.	Sînt împotriva acestui lucru.	Sînt împotriva atʃestui lukru.
I don't care!	Nu-mi pasă!	numi pasə!
It's simply not done.	Aşa ceva nu se face.	asha tʃeva nu se fatʃe.
I won't stand that!	Nu admit aceasta.	nu admit atʃasta.

25

Apologies, Expressions of Regret	Propoziţii exprimînd scuza, regretul	propozitsii eksprimínd skuza, regretul
I am so /very/ awfully sorry.	Îmi pare. aşa de/foarte/ extrem de rău.	ími pare asha de/fwarte/ ekstrem de rəu.
Oh, it's quite all right.	Nu-i nimic. (Nu face nimic.)	nui nimik. (nu fatʃe nimik.)
Honestly, I had no idea I was doing wrong.	Sincer vorbind, nu mi-am dat seama că procedez greşit.	sintʃer vorbind, nu mjam dat seama kə protʃedez greshit.
Never mind!	Nu face nimic.	nu fatʃe nimik.
Sorry, I have kept you waiting.	Scuzaţi, v-am făcut să aşteptaţi.	skuzatsi, vam fəkut sə ashteptatsi.
Not at all! It doesn't matter.	Nicidecum! Nu are importanţă.	nitʃidekum! nu are importantsə.
Forgive me, I didn't mean to offend you.	Vă rog să mă iertaţi, nu am vrut să vă jignesc.	və rog sə mə jertatsi, nu am vrut sə və ʒignesk.
I have made a mistake!	Am greşit!	am greshit!
Am I in your way? I didn't realize that.	Vă deranjez? Nu mi-am dat seama.	və deranʒez? nu mjam dat seama.
Excuse me, I'm looking for my seat. Would you help me please?	Scuzaţi-mă. Îmi caut locul. Vreţi să mă ajutaţi, vă rog?	skuzatsimə, ími kaut lokul. vretsi sə mə aʒutatsi, və rog?
I beg your pardon.	Vă rog să mă scuzaţi.	və rog sə mə skuzatsi.
Pardon? Would you mind repeating that?	Vă rog? Vreţi să repetaţi?	və rog? vretsi sə repetatsi?
I'm afraid I can't tell you.	Nu vă pot spune.	nu və pot spune.
I feel sorry for you.	Îmi pare rău de dvs.	ími pare rəu de dumneavwastrə.
Unfortunately, I'm not going to stay long.	Din păcate, nu voi sta mult.	din pəkate, nu voi sta mult.
That's too bad.	Păcat.	pəkat.
It's bad luck! But we didn't have any choice, did we?	Ghinion! Dar n-am avut de ales, nu-i aşa?	ginion! dar nam avut de ales, nui asha?
I hope you won't regret it.	Sper că nu veţi regreta.	sper kə nu vetsi regreta.
I don't want to hurt your feelings, but ...	Nu vreau să vă jignesc, dar	nu vreau sə və ʒignesk, dar ....
Don't take it amiss if I tell you the truth.	Nu mi-o luaţi în nume de rău dacă vă spun adevărul.	nu mjo lwatsi în nume de rəu dakə və spun adevərul.

26

Appointments, Invitations, Visits	Fixarea unei întîlniri, invitaţii, vizite	fiksarea unei întîlniri invitatsii, vizite
Let's make an appointment for next week.	Să fixăm o întîlnire pentru săptămîna viitoare.	sɔ fiksɛm o întîlnire pentru sɔptɔmîna viitware.
Will next Wednesday suit you?	Miercurea viitoare vă convine?	mjɛrkurea viitware vɔ convine?
That would do perfectly.	Îmi convine foarte bine.	îmi konvine fwarte bine.
I'll be free on Wednesday.	Miercuri sînt liber.	mjɛrkuri sînt liber.
Where shall we meet?	Unde ne întîlnim?	unde ne întîlnim?
Do you want to see him on business?	Vreti să-l vedeţi într-o chestiune de afaceri?	vretsi sɔl ˈvedetsi întro kestiune de afatʃeri?
You can arrange an interview by phone or by letter.	Puteţi fixa o întrevedere prin telefon sau în scris.	putetsi fiksa o întrevedere prin telefon sau în skrıs.
I have to get in touch with him.	Trebuie să iau legătura cu el.	trebuje sɔ jau legɔtura ku jel.
Is he ready to see me?	Mă poate primi?	mɔ pwate primi?
Come and see me on Sunday.	Veniţi pe la mine duminică.	venitsi pe la mine duminikɔ.
Do you want to come and have lunch with me?	Vreţi să luaţi prînzul împreună cu mine?	vretsi sɔ lwatsi prînzul împreunɔ cu mine?
I want to invite you to lunch.	Vreau să vă invit la mine la prînz.	vreau sɔ vɔ invit la mine la prînz.
You must look me up if you come to London.	Dacă veniţi la Londra să daţi pe la mine.	dakɔ venitsi la londra sɔ datsi pe la mine.
Call any day you like. Will it matter if I come on Sunday?	Treceţi în ce zi doriţi. E bine dacă vin duminică?	tretʃetsi în tʃe zi doritsi. je bine dakɔ vin duminikɔ?
What about coming to the theatre with me?	Nu aţi vrea să mergeţi cu mine la teatru?	nu. atsi vrea sɔ merdʒetsi ku mine la teatru?
I should love to.	Aş fi încîntată.	ash fi înkîntatɔ.
Unfortunately, I have another engagement.	Din păcate, am o altă obligaţie.	din pɔkate, am o altɔ obligatsie.
Would you like to come for a walk?	Aţi vrea să facem o plimbare?	ɒtsi vrea sɔ fatʃem o plimbare?

Would you care to come to my flat and have a drink?	Aţi vrea să veniţi la mine să bem ceva?	atsi vrea sə venitsi la mine sə bem tʃeva?
I hope your friend can join us.	Sper că poate să vină şi prietenul dvs.	sper kə pwate sə vinə shi prietenul dumneavwastrə.
Excuse me, is Mr ... in?	Scuzaţi-mă, dl ... este acasă?	skuzatsimə domnul ... jeste akasə?
I'm sorry, Mr ... is out.	Regret, domnul .. a ieşit.	regret, domnul ... a jeshit.
Do you know when he'll be back?	Ştiţi cînd se întoarce?	shtitsi kînd se întwartʃe?
I'll call later.	Am să trec mai tîrziu.	am sə trek mai tîrziu.
Would you like to leave any message?	Aţi dori să-i lăsaţi vreun mesaj (o scrisoare)?	atsi dori səi ləsatsi vreun mesaʒ (o skrisware)?
Just tell him I called.	Spuneţi-i că l-am căutat.	spunetsii kə lam kəutat.
Would you mind waiting outside?	Vreţi să aşteptaţi afară?	vretsi sə ashteptatsi afarə?
Will you come this way, please?	Pe aici, vă rog.	pe aitʃi, və rog.
Come in, please!	Intraţi, vă rog!	intratsi, və rog.

Thanks

Propoziţii exprimînd recunoştinţa — propozitsii eksprimînd rekunoshtintsa

Thank you.	Vă mulţumesc.	və multsumesk.
Thank you very much for your help.	Vă mulţumesc foarte mult pentru ajutor.	və multsumesk fwarte mult pentru aʒutor.
Many thanks. (Thanks a lot.)	Multe mulţumiri.	multe multsumiri
Thanks for letting me know in time.	Mulţumesc că m-aţi anunţat la timp.	multsumesk kə matsi anuntsat la timp.
I'm very much obliged to you.	Vă sînt foarte îndatorat.	və sînt fwarte îndatorat.
Don't mention it! I'm glad to help you.	Pentru nimic! Vă ajut cu plăcere.	pentru nimik! və aʒut ku plətʃere.
It's all right!	N-aveţi pentru ce! (Pentru nimic!)	navetsi pentru tʃe! (pentru nimik!)

28

English	Romanian	Pronunciation
That's very kind of you.	Este foarte drăgut din partea dvs.	jeste fwarte drəguts din partea dumneavwastrə.
I can't say how grateful I am to you.	Nu vă pot spune cît vă sînt de recunoscător.	nu və pot spune kît və sînt de rekunoskətor.
I appreciate it very much.	Apreciez foarte mult acest lucru.	apretʃiez fwarte mult atʃest lukru.
I'd do anything to help you in return.	Aş face orice să mă pot revanşa.	ash fatʃe oritʃe sə mə pot revansha.
Give him my thanks for	Transmiteţi-i mulţumirile mele pentru	transmitetsii multsumirile mele pentru ....

TRAVELLING   IN CĂLĂTORIE   în kələtorie

By Railway   Cu trenul   ku trenul

English	Romanian	Pronunciation
Does this train go to ...?	Trenul acesta merge la ...?	trenul atʃesta merdʒe la ...?
Sorry, I can't tell you.	Regret, nu vă pot spune.	regret, nu və pot spune.
This must be my carriage.	Acesta trebuie să fie vagonul meu.	atʃesta trebnie sə fie vagonul meu.
Is this carriage C, please?	Vă rog, acesta este vagonul C?	və rog, atʃesta jeste vagonul tʃe?
I've come to Bucharest on business.	Am venit la Bucureşti în interes de afaceri (serviciu).	am venit la bukureshti în interes de afatʃeri (servitʃu).
What train are you going by?	Cu ce tren mergeţi?	ku tʃe tren merdʒetsi?
I'll go to the station and inquire about the trains.	Voi merge la gară să mă interesez de mersul trenurilor.	voi merdʒe la garə sə mə interesez de mersul trenurilor.
What station do the trains to ... leave from?	De la ce gară pleacă trenurile spre ...?	de la tʃe garə pleakə trenurile spre ...?
What time do trains leave for ...?	Ce trenuri sînt spre ...?	tʃe trenuri sînt spre ...?
Is there a train early in the morning/the afternoon?	Este vreun tren devreme dimineaţa/ după masa?	jeste vreun tren devreme dimineatsa/dupə masa?

29

Is there a through train to Timişoara?	Este vreun tren direct pînă la Timişoara?	ɉeste vreun tren dirɛkt pînə la timishwara?
When is the next train after that?	La ce oră pleacă trenul următor?	la tʃe orə pleakə trenul urmətor?
Where must I change trains?	Unde trebuie să schimb trenul?	ʋnde trebuje sə skimb trenul?
What time does it arrive?	La ce oră soseşte?	la tʃe orə soseshte?
I'd like to break the journey at Cluj.	Vreau să întrerup călătoria la Cluj.	vreau sə întrerʋp kələtoria la kluʒ.
I'm going by express/fast/passenger train.	Merg cu rapidul/expresul/personalul.	merg cu rapidul/ekspresul/personalul.
You have a very good connection.	Aveţi o legătură foarte bună.	avetsi o legəturə fwarte bʋnə.
I want a ticket to ..., please.	Vă rog, un bilet pentru	və rog, un bilet pentru ....
One 1st class single to ..., please.	Un bilet clasa întîi pînă la ..., vă rog.	un bilet klasa întîi pînə la ..., və rog.
How much is the return fare?	Cît costă dus şi întors?	kît kostə dus shi întors?
I want to make a reservation for two berths in one compartment.	Vreau să mi se rezerve două cuşete într-un compartiment.	vreau sə mi se rezerve dowə kushete întrun kompartiment.
How much is it?	Cît costă?	kît kostə?
Is the train in?	Trenul este în staţie?	trenul ɉeste în statsie?
The train is late.	Trenul întîrzie.	trenul întîrzie.
Shall I get you some newspapers/magazines at the newsstand?	Să vă aduc nişte ziare/reviste de la chioşc?	sə və adʋk nishte ziare/reviste de la kioshk?
Do you want anything to read on the train?	Vreţi ceva de citit în tren?	vretsi tʃeva de tʃitit în tren?
We must go on the platform now.	Acum trebuie să mergem pe peron.	akʋm trebuje sə merdʒem pe peron.
Is this the Bucharest train?	Acesta este trenul de Bucureşti?	atʃesta ɉeste trenul de bukureshti?
I'll manage to catch the train.	Voi reuşi să prind trenul.	voi reushi sə prind trenul.
I've missed the train.	Am pierdut trenul.	am pierdʋt trenul.
I'm glad you come to see me off.	Mă bucur că aţi venit să mă conduceţi.	mə bʋkur kə atsi venit sə mə kondʋtʃetsi.
What platform does the train leave from?	De la ce linie pleacă trenul?	de la tʃe linie pleakə trenul?
Platform 6, on the right.	Linia 6, la dreapta.	linia shase, la dreapta.

English	Romanian	Pronunciation
Are we right for platform 6?	Aceasta este linia 6?	atʃasta jeste linia shase?
Have your ticket ready!	Ţineţi biletul la îndemînă!	tsinetsi biletul la îndemînǝ.
When does the train get in? (When is it due in?)	Cînd trebuie să sosească în staţie?	kînd trǝbujǝ sǝ soseaskǝ în statsie?
Hurry up, the train's just about to start.	Grăbiţi-vă, trenul este gata de plecare.	grǝbitsivǝ, trenul jeste gata de plekare.
Is this compartment reserved?	Compartimentul acesta este rezervat?	kompartimentul atʃesta jeste rezervat?
Is it a smoker or a non-smoker?	Este un vagon pentru fumători sau nefumători?	jeste un vagon pentru fumǝtori sau nefumǝtori?
Any free seats in here?	Este vreun loc liber aici?	jeste vreun lok liber aitʃi?
Are all seats occupied?	Sînt ocupate toate locurile?	sînt ocupate twate lokurile?
Would you like to change seats with me?	Aţi vrea să schimbaţi locul cu mine?	atsi vrea sǝ skimbatsi lokul ku mine?
May I offer you my seat?	Pot să vă ofer locul meu?	pot sǝ vǝ ofer lokul meu?
Help me to put the suitcase on the rack, please.	Vă rog să mă ajutaţi să pun geamantanul în plasă.	vǝ rog sǝ mǝ aʒutatsi sǝ pun dʒamantanul în plasǝ.
I've got to find the luggage van.	Trebuie să găsesc vagonul de bagaje.	trebuie sǝ gǝsesk vagonul de bagaʒe.
I want to make sure that my trunk has been put on the train.	Vreau să mă asigur dacă geamantanul meu a fost pus în tren.	vreau sǝ mǝ asigur dakǝ dʒamantanul meu a fost pus în tren.
The train is starting.	Trenul porneşte.	trenul porneshte.
Turn off/on the heating, please.	Închideţi/deschideţi radiatorul, vă rog.	înkidetsi/deskidetsi radiatorul, vǝ rog.
It's too hot/cold in here.	Este prea cald/rece aici.	jeste prea kald/retʃe aitʃi.
What station is this?	Ce staţie este aceasta?	tʃe statsie jeste atʃasta?
How long do we stop at ...?	Cît timp opreşte în ...?	kît timp opreshte în... ?
Where must I change for ...?	Unde trebuie să schimb pentru ...?	unde trebuje sǝ skimb pentru ... ?
What is the additional charge I would have to pay for a sleeper?	Ce supliment trebuie să plătesc pentru vagonul de dormit?	tʃe supliment trebuje sǝ plǝtesk pentru vagonul de dormit?

31

English	Romanian	Pronunciation
What time do we get to Cluj?	La ce oră sosim la Cluj?	la tʃe orə sosim la kluʒ?
Is there a restaurant car on the train?	Trenul are vagon restaurant?	trenul are vagon restaurant?
Where's the dining car?	Unde este vagonul restaurant?	unde jeste vagonul restaurant?
Have we arrived?	Am ajuns?	am aʒuns?
Where's the exit?	Unde este ieşirea?	unde jeste jeshirea?
Where's the luggage office?	Unde este biroul de bagaje?	unde jeste biroul de bagaʒe?
Where's the waiting room?	Unde este sala de aşteptare?	unde jeste sala de ashteptare?
I want to go to the travel agency.	Vreau să merg la agenţia de voiaj.	vreau sə merg la adʒentsia de voiaj.
I like to travel light.	Îmi place să călătoresc fără bagaje.	imi platʃe sə kələtoresk fərə bagaʒe.
Tickets, please!	Biletele, vă rog!	biletele, və rog!

By Air / În avion / în avion

English	Romanian	Pronunciation
Are you going there by air?	Mergeţi acolo cu avionul?	merdʒetsi akolo ku avionul?
When are you flying to...?	Cînd plecaţi cu avionul la...?	kind plekatsi ku avionul la...?
I want to travel (to go) by air.	Vreau să călătoresc (să merg) cu avionul.	vreau sə kələtoresk (sə merg) ku avionul.
Is there a direct airline (connection) between... and...?	Există un serviciu aerian direct între... şi...?	egzistə un servitʃu aerian direkt între... shi...?
He many days in advance must I book my air ticket?	Cu cîte zile înainte trebuie să iau biletul de avion?	ku kîte zile înainte trebuje sə jau biletul de avion?
You'll have to book your air ticket a week in advance.	Va trebui să luaţi bilet de avion cu o săptămînă înainte.	va trebui sə lwatsi bilet de avion ku o səptəmînə înainte.
When does the coach for the airport leave from here?	La ce oră pleacă autobuzul la aeroport?	la tʃe orə pleakə autobuzul la aeroport?
When do passanger planes leave for...?	Cînd pleacă avioanele de pasageri spre...?	kînd pleakə aviwanele de pasadʒeri spre...?

32

English	Romanian	Pronunciation
How much luggage is one allowed?	Cît bagaj se poate lua în avion?	kît baga3 se pwate lwa în avion?
What's the route of our plane?	Pe ce rută mergem?	pe tʃe rutɔ merd3em?
What time does the plane take off?	La ce oră decolează avionul?	la tʃe orɔ dekoleazə avionul?
Which airport will the plane land on?	Pe care aeroport va ateriza avionul?	pe kare aeroport va ateriza avionul?
Where do we touch down on our way?	Unde facem escală?	unde fatʃem eskalɔ?
How do you take to flying?	Cum suportaţi zborul?	kum suportatsi zborul?
It makes me feel bad (ill).	Mă simt prost. (Îmi face rău.)	mɔ simt prost. (îmi fatʃe rɔu.)
How often do planes run between... and ...?	Cîte curse aeriene sînt de la... la ...?	kîte kurse aeriene sînt de la... la..?
You'll have to change to another plane in...	Va trebui să scnimbaţi avionul la...	va trebui sə skimbatsi avionul la...
At what altitude are we flying now?	La ce altitudine zburăm?	la tʃe altitudine zburəm?
Can you see anything out of the window?	Vedeţi ceva pe fereastră?	vedetsi tʃeva pe fereastrə?
We're flying through thick clouds.	Zburăm prin nori deşi.	zburəm prin nori deshi.
Visibility is rather poor.	Vizibilitatea este slabă.	vizibilitatea jeste slabə.
Did you feel that bump?	Aţi simţit zdruncinătura?	atsi simtsit zdruntʃinɔtura?
You'd bétter fasten your belt.	Ar fi bine să vă fixaţi cureaua de siguranţă.	ar fi bine sə vɔ fiksatsi kureawa de sigurantsə.
The plane is circling the airfield.	Avionul se învîrteşte deasupra aeroportului.	avionul se învîrteshte deasupra aeroportului.
It is losing speed/landing.	Încetineşte/aterizează.	întʃetineshte/aterizeazə.
The landing was perfect.	Aterizarea a fost perfectă.	aterizarea a fost perfektɔ.
Here's your boarding pass.	Poftiţi numărul de bord.	poftitsi numɔrul de bord.
Has your luggage been weighed and labelled?	Bagajul dvs. a fost cîntărit şi înregistrat?	baga3ul dumneavwastrə a fost kîntɔrit shi înred3istrat?

33

We had a very comfortable journey.	A fost o călătorie foarte plăcută.	a fost o kələtorie fwarte pləkutə.
What did you fly?	Cu ce avion ați călătorit?	ku tʃe avion atsi kələtorit?
We flew a new jet propelled passenger liner.	Am călătorit cu un nou tip de turboreactor de pasageri.	am kələtorit ku un nou tip de turboreaktor de pasadʒeri.
Was it a non-stop flight?	A fost o cursă fără escală?	a fost o kursə fərə eskalə?
You can fly from London to Bucharest in six hours.	De la Londra la București faceți șase ore cu avionul.	de la londra la bukureshti fatʃetsi shase ore ku avionul.
I prefer flying to travelling by train.	Prefer să călătoresc cu avionul decît cu trenul.	prefer sə kələtoresk ku avionul dekît ku trenul.

By Ship — Pe vapor — pe vapor

I want to travel by ship.	Vreau să merg cu vaporul.	vreau sə merg ku vaporul.
I want to book a third class passage to...	Vreau să iau un bilet de vapor clasa treia pentru...	vreau sə jau un bilet de vapor klasa treja pentru...
When does our liner start for...?	Cînd pleacă vaporul nostru spre...?	kind pleakə vaporul nostru spre...?
Where am I to book my ticket for the...?	De unde se cumpără bilete pentru...?	de unde se kumpərə bilete pentru...?
I'll travel first class.	Voi călători la clasa întîi.	voi kələtori la klasa întîi.
How long does the passage last?	Cît durează călătoria?	kît dureazə kələtoria?
Where does the boat-train leave from?	De unde pleacă feribotul?	de unde pleakə feribotul?
When is the steamer going to sail?	Cînd va ridica ancora?	kînd va ridika ankora?
The steamer lies at quay No. 8.	Vasul se află la cheiul numărul opt.	vasul se aflə la kejul numərul opt.
Does this ship call at...?	Vaporul acesta face escală la...?	vaporul atʃesta fatʃe eskalə la...?
How long does the ship stop here?	Cît durează escala?	kît dureazə eskala?
Let's go on board.	Să urcăm pe bord.	sə urkəm pe bord.

34

English	Romanian	Pronunciation
Where's cabin No. 12, please?	Unde este cabina doisprezece, vă rog?	unde jeste kabina doisprezetʃe, və rog?
Just a moment! The steward will show you to your cabin.	O clipă! Stewardul vă va conduce la cabina dvs.	o klipə! stevardul və va kondutʃe la kabina dumneavwastrə.
How many berths are there in the cabin?	Cîte cuşete are cabina?	kîte kushete are kabina?
Have you ever travelled on board a ship?	Aţi călătorit vreodată cu vaporul?	atsi kələtorit vreodatə ku vaporul?
This is the first time I am on a sea-going ship.	Este prima dată cînd călătoresc pe mare.	jeste prima datə kînd kələtoresk pe mare.
We sail tomorrow at 9.	Ne îmbarcăm mîine la ora nouă.	ne îmbarkəm mîine la ora nowə.
Won't you come on deck?	Nu vreţi să veniţi pe punte?	nu vretsi sə venitsi pe punte?
Let's look for some deck chairs.	Să căutăm nişte şezlonguri.	sə kəutəm nishte shezlonguri.
Isn't it too cool to sit down?	Nu este prea rece ca să şedem?	nu jeste prea retʃe ka sə shedem?
Is the sea smooth/rough?	Marea este liniştită/agitată?	marea jeste linishtitə/adʒitatə?
We are getting out in the open sea.	Intrăm în larg.	intrəm în larg.
The boat is pitching (rolling) heavily.	Vasul are tangaj puternic.	vasul are tangaʒ puternik.
Let's go down below to the cabin.	Hai să coborîm în cabină.	hai sə koborîm în kabinə.
I feel seasick.	Am rău de mare.	am rəu de mare.
What am I to do against sea-sickness?	Ce să iua împotriva răului de mare?	tʃe sə jau împotriva rəului de mare?
Is the boat entering the harbour?	Vaporul intră în port?	vaporul intrə în port?
Yes, we are landing.	Da, debarcăm.	da, debarkəm.
Is that a lighthouse in the distance?	Este un far în depărtare?	jeste un far în depərtare?
Come aboard!	Urcaţi pe bord!	urkatsi pe bord!
I hope you'll have a pleasant voyage.	Vă doresc călătorie plăcută.	və doresk kələtorie pləkutə.

By Car

By Car	**În automobil**	**ín automobil**
Have you driven all the way from England?	Aţi călătorit cu maşina tot drumul din Anglia?	atsi kələtorit ku mashina tot drumul din anglia?
Yes, I enjoy driving very much.	Da, îmi place foarte mult să şofez.	da, ími platʃe fwarte mult sə shofez.
What make is your car?	Ce marcă aveţi?	tʃe markə avetsi?
How many miles have you made in your car?	Cîte mile aţi parcurs cu automobilul dvs.?	kîte mile atsi parkurs ku automobilul dumneavwastrə?
How long have you had your car?	De cînd aveţi maşina?	de kînd avetsi mashina?
Have you had any serious accidents?	Aţi avut vreun accident grav?	atsi avut vreun aktʃident grav?
Your car seems to be in a perfect condition.	Maşina dvs. pare să fie în stare perfectă.	mashina dumneavwastrə pare sə fie în stare perfektə.
The engine runs perfectly.	Motorul funcţionează ireproşabil.	motorul funktsioneazə ireproshabil.
How many miles per hour does it travel?	Cu ce viteză poate merge pe oră?	ku tʃe vitezə pwate merdʒe pe orə?
Get the engine started and reverse the car.	Porniţi motorul şi daţi înapoi.	pornitsi motorul shi datsi înapoi.
Pull up here!	Trageţi aici!	tradʒetsi aitʃi.
The tank wants refilling.	Rezervorul trebuie umplut.	rezervorul trebuje umplut.
We must find a filling (petrol) station.	Trebuie să găsim o staţie de benzină.	trebuje sə gəsim o statsie de benzinə.
When did you last change the oil?	Cînd aţi schimbat uleiul ultima dată?	kînd atsi skimbat ulejul ultima datə?
Let me have a look at the radiator.	Să mă uit la radiator.	sə mə uit la radiator.
What's wrong with it?	S-a întîmplat ceva?	sa întîmplat tʃeva?
The engine seems to be overheated.	Motorul pare a fi supraîncălzit.	motorul pare a fi supraînkəlzit.
Could you check the pressure in the wheels, please?	Puteţi controla presiunea la roţi, vă rog?	putetsi kontrola presiunea la rotsi, və rog?
Where's the spare wheel?	Unde este roata de rezervă?	unde jeste rwata de rezervə?
The spare is flat. It won't pump up.	Roata de rezervă este dezumflată. Nu se umflă.	rwata de rezervə jeste dezumflatə. nu se umflə.

There's probably a puncture in the tyre.	Probabil că e o pană de cauciuc.	probabil kə je o panə de kautʃuk.
Do you know how to change a tyre?	Știți să schimbați camera?	shtitsi sɔ skimbatsi kamera?
The battery seems to be weak/flat.	Bateria pare să fie aproape descărcată/consumată.	bateria pare sɔ fie aprwape deskərkatə/konsumatə.
When did you have it charged?	Cînd ați încărcat-o?	kînd atsi înkɔrkato?
Have you got any sparking-plugs?	Aveți niște bujii?	avetsi nishte buʒii?
The plugs need replacing.	Bujiile trebuie înlocuite.	buʒiile trebuje înlocuite.
The car has broken down.	Mașina a rămas în pană.	mashina a rəmas în panə.
The rear lights won't work.	Farurile din spate nu funcționează.	farurile din spate nu funktsioneazə.
There must be a short circuit.	Trebuie să fie un scurt-circuit.	trebuje sə fie un skurt tʃirkuit.
Are the headlights all right?	Farurile din față sînt în ordine?	farurile din fatsə sînt în ordine?
I'll take the car to the repair-shop.	Voi duce mașina la un atelier de reparații.	voi dutʃe mashina la un atelier de reparatsii.
The brakes are out of order.	Frînele nu funcționează.	frînele nu funktsioneazə.
The car wants cleaning badly.	Mașina trebuie neapărat spălată.	mashina trebuje neapɔrat spɔlatə.
Shall we drive by the main road?	Mergem pe șoseaua principală?	merdʒem pe shoseawa printʃipalə?
Will this street bring us to the main road?	Strada aceasta duce în șoseaua principală?	strada atʃasta dutʃe în shoseawa printʃipalə?
We can't go this way.	Nu putem trece pe aici.	nu putem tretʃe pe aitʃi.
Is this a one way street?	Este o stradă cu sens unic?	jeste o stradə ku sens unik?
Drive slowly, the road is slippery.	Conduceți încet, drumul, e alunecos.	kondutʃetsi întʃet, drumul je alunekos.
What is the speed limit for this area?	Care este viteza maximă admisă în această zonă?	kare jeste viteza maksimə admisə în atʃastə zonə?
Don't exceed the speed limit.	Respectați viteza legală.	respektatsi viteza legalə.

English	Romanian	Pronunciation
Must I slow down here?	Trebuie să încetinesc aici?	trebuje sə întʃetinesk aitʃi?
Where are the traffic lights?	Unde este stopul?	unde jeste stopul?
Will you stop at the crossroads, please?	Vreți să opriți la intersecție, vă rog?	vretsi sə opritsi la intersektsie, və rog?
Do you want a lift?	Doriți să vă duc cu mașina?	doritsi sə və duk ku mashina?
Can you give me a lift?	Mă puteți duce cu mașina?	mə putetsi dutʃe ku mashina?
There won't be enough room in the car.	Nu este destul loc în mașină.	nu jeste destul lok în mashinə.
The car seats only two. (It's a two-seater.)	Mașina are numai două locuri.	mashina are numai dowə lokuri.
Where shall I drop you?	Unde să vă las?	unde sə və las?
Have you got a driving licence?	Aveți permis de conducere?	avetsi permis de kondutʃere?
Parking.	Parcare.	parkare.
No Parking.	Parcarea interzisă.	parkarea interzisə.

Arrival. Customs Examination
Sosirea. Controlul vamal
sosirea. kontrolul vamal

English	Romanian	Pronunciation
Where do you want to go?	Unde vreți să mergeți?	unde vretsi sə merdʒetsi?
I want to go to:	Vreau să merg la:	vreau sə merg la:
— a hotel	— un hotel	— un hotel
— a boarding house	— o pensiune	— o pensiune
— the embassy	— ambasadă	— ambasadə
— the bank	— bancă	— bankə
— the Passport Office	— biroul de pașapoarte	— biroul de pashapwarte
Show me your passport, please.	Arătați-mi pașaportul dvs., vă rog.	arətatsimi pashaportul dumneavwastrə, və rog.
What is your surname?	Care este numele dvs. de familie?	kare jeste numele dumneavwastrə de familie?
Tell me your address, please.	Spuneți-mi adresa dumneavoastră, vă rog.	spunetsimi adresa dumneavwastrə, və rog.
What is the purpose of your visit to this country?	Care este scopul vizitei dvs. aici?	kare jeste skopul vizitei dumneavwastrə aitʃi?

38

How long do you intend to stay?	Cît timp intenționați să stați?	kît timp intentsionatsi sə statsi?
Is my passport in order?	Pașaportul meu este în ordine?	pashaportul meu jeste în ordine?
I want to have my visa extended.	Vreau să-mi prelungesc viza.	vreau səmi prelundʒesk viza.
Where do they examine the luggage?	Unde se face controlul bagajelor?	unde se fatʃe kontrolul bagaʒelor?
Have you anything to declare?	Aveți ceva de declarat?	avetsi tʃeva de deklarat?
How much English money have you got?	Cîtă valută englezească aveți asupra dvs.?	kîtə valutə englezeaskə avetsi asupra dumneavwastrə?
I've got 20 pounds in cash.	Am 20 de lire numerar.	am dowəzetʃi de lire numerar.
Any foreign money or cheques?	Valută străină sau cecuri?	valutə strəinə sau tʃekuri?
I have no luggage.	Nu am bagaj.	nu am bagaʒ.
This is all the luggage I have.	Acesta este tot bagajul meu.	atʃesta jeste tot bagaʒul meu.
I have only got some presents.	Nu am decît niște cadouri.	nu am dekît nishte kadouri.
Are they liable to duty? (Is there any duty on it?)	Se plătește vamă pentru aceasta?	se pləteshte vamə pentru atʃasta?
You must fill in a customs declaration.	Trebuie să completați o declarație vamală.	trebuje sə kompletatsi o deklaratsie vamalə.
Are these things for your private use?	Obiectele acestea sînt de uz personal?	obiektele atʃestea sînt de uz personal?
How much have I to pay?	Cît trebuie să plătesc? (Cît am de plătit?)	kît trebuje sə plətesk? (kît am de plətit?)
Open your suit-case for examination, please.	Vă rog să deschideți geamantanul pentru control.	və rog sə deskidetsi dʒamantanul pentru kontrol.
You may close your bag again.	Puteți închide geamantanul.	putetsi înkide dʒamantanul.
That's all right! You may pass on.	Este în ordine! Puteți trece.	jeste în ordine! putetsi tretʃe.

39

Nationality	Naţionalitatea	natsionalitatea
I am English.	Sînt englez.	sînt engl*ez*.
We are Romanian.	Noi sîntem români.	noi sîntem romíni.
Where do you come from?	De unde sînteţi?	de *u*nde sîntetsi?
What country are you from?	Din ce ţară sînteţi?	din tʃe tsarə sîntetsi?
He is:	El este:	jel j*e*ste:
— African	— african	— afrik*a*n
— Albanian	— albanez	— alban*ez*
— American	— american	— amerik*a*n
— Australian	— australian	— australi*a*n
— Austrian	— austriac	— austri*a*k
— Bulgarian	— bulgar	— bulg*a*r
— Chinese	— chinez	— kin*ez*
— Cuban	— cubanez	— kuban*ez*
— Czech	— ceh	— tʃeh
— Dutch	— olandez	— oland*ez*
— Egyptian	— egiptean	— edʒipt*ea*n
— Finnish	— finlandez	— finland*ez*
— French	— francez	— frantʃ*ez*
— German	— german	— dʒerm*a*n
— Greek	— grec	— grek
— Hungarian	— ungur	— *u*ngur
— Indian	— indian	— indi*a*n
— Italian	— italian	— itali*a*n
— Japanese	— japonez	— ʒapon*ez*
— Norwegian	— norvegian	— norvedʒi*a*n
— Polish	— polonez	— polon*ez*
— Soviet	— sovietic	— sovi*e*tik
— Spanish	— spaniol	— spani*o*l
— Swedish	— suedez	— sued*ez*
— Swiss	— elveţian	— elvetsi*a*n
— Turkish	— turc	— turk
— Yugoslav	— iugoslav	— jugosl*a*v
He comes from Latin America.	El este din America Latină.	jel j*e*ste din amerika latinə.
I am a British subject.	Sînt cetăţean britanic.	sînt tʃetətsean britanik.

40

Money. Currency Exchange	Banii. Schimbul	*banii. skimbul*
Is there an exchange office anywhere around?	Este vreun birou de schimb prin apropiere?	*jeste vreun birou de skimb prin apropiere?*
There's an exchange office next door.	Alături se află un birou de schimb.	*alaturi se aflə un birou de skimb.*
Please, change...	Vă rog să-mi schimbați...	*və rog səmi skimbatsi...*
I haven't got any small change.	Nu am mărunțiș.	*nu am məruntsish.*
What's the rate of exchange?	Care este cur··.l?	*kare jeste kursul?*
I want to cash some traveller's cheques.	Vreau să încasez niște cecuri de călătorie.	*vreau sə înkasez nishte tʃekuri de kələtorie.*
Can you change this five lei note?	Puteți să-mi schimbați această bancnotă de cinci lei?	*putetsi səmi skimbatsi atʃastə banknotə de tʃintʃi lei?*
One leu notes change, please.	În bancnote de un leu, vă rog.	*în banknote de un leu, və rog.*
Will you write out this cheque?	Vreți să completați acest cec?	*vretsi sə kompletatsi atʃest tʃek?*
I have only large change.	Am numai hîrtii (bani) mari.	*am numai hîrtii (bani) mari.*
I have :	Am :	*am :*
— a hundred lei-note	— o bancnotă de o sută de lei	*— o banknotə de o sutə de lei*
— a ten-lei note	— o bancnotă de zece lei	*— o banknotə de zece lei*
— a one-leu note	— o bancnotă (hîrtie) de un leu	*— o banknotə (hîrtie) de un leu*
— a twenty five-bani piece	— o monedă de două-zeci și cinci de bani	*— o monedə de dowə-zeci și tʃintʃi de bani*
— a five-bani piece	— o monedă de cinci bani	*— o monedə de tʃintʃi bani*

41

NUMERALS. MEASUR-ES. WEIGHTS. ARITHMETICAL OPERATIONS	NUMERALE. MĂSURI. GREUTĂȚI. OPERAȚII ARITMETICE	numerale. məsuri. greutətsi. operatsii aritmetitʃe
Count one hundred :	Numărați pînă la o sută :	numəratsi pînə la o sutə :
one	unu	unu
two	doi	doi
three	trei	trei
four	patru	patru
five	cinci	tʃintʃi
six	șase	shase
seven	șapte	shapte
eight	opt	opt
nine	nouă	nouə
ten	zece	zetʃe
eleven	unsprezece	unsprezetʃe
twelve	doisprezece	doisprezetʃe
thirteen	treisprezece	treisprezetʃe
fourteen	paisprezece	paisprezetʃe
fifteen	cincisprezece	tʃintʃisprezetʃe
sixteen	șaisprezece	shaisprezetʃe
seventeen	șaptesprezece	shaptesprezetʃe
eighteen	optsprezece	optsprezetʃe
nineteen	nouăsprezece	nowəsprezetʃe
twenty	douăzeci	dowəzetʃi
twenty-one	douăzeci și unu	dowəzetʃi shi unu
twenty-two	douăzeci și doi	dowəzetʃi shi doi
twenty-nine	douăzeci și nouă	dowəzetʃi shi nowə
thirty	treizeci	treizetʃi
thirty one	treizeci și unu	treizetʃi shi unu
forty	patruzeci	patruzetʃi
forty one	patruzeci și unu	patruzetʃi shi unu
fifty	cincizeci	tʃintʃizetʃi
fifty one	cincizeci și unu	tʃintʃizetʃi shi unu
sixty	șaizeci	shaizetʃi
sixty one	șaizeci și unu	shaizetʃi shi unu
seventy	șaptezeci	shaptezetʃi
seventy one	șaptezeci și unu	shaptezetʃi shi unu
eighty	optzeci	optzetʃi
eighty one	optzeci și unu	optzetʃi shi unu
ninety	nouăzeci	nowəzetʃi

42

ninety one	nouăzeci şi unu	nowɔzetʃi shi unu
a hundred	o sută	o sutɔ
How many books does	Cîte cărţi are această	kîte kɘrtsi are atʃastɘ
this library contain?	bibliotecă?	bibliotekɔ?
one hundred and one	o sută una	o sutɔ una
one hundred and twenty	o sută douăzeci	o sutɔ dowɔzetʃi
two hundred	două sute	dowɔ sute
three hundred	trei sute	trei sute
four hundred	patru sute	patru sute
five hundred	cinci sute	tʃintʃi sute
six hundred	şase sute	shase sute
one thousand	o mie	o mie
two thousand	două mii	dowɔ mii
a hundred thousand	o sută de mii	o sutɔ de mii
a million	un milion	un milion
He/she is:	El/ea este:	jel/ja jeste:
the first	primul, prima, întîiul, întîia	primul, prima, întîjul, întîja
the second	al doilea, a doua	al doilea, a dowa
the third	al treilea, a treia	al treilea, a treja
the fourth	al patrulea, a patra	al patrulea, a patra
the fifth	al cincilea, a cincea	al tʃintʃilea, a tʃintʃea
the sixth	al şaselea, a şasea	al shaselea, a shasea
the seventh	al şaptelea, a şaptea	al shaptelea, a shaptea
the eighth	al optulea, a opta	al optulea, a opta
the ninth	al nouălea, a noua	al nowɔlea, a nowa
the tenth	al zecelea, a zecea	al zetʃelea, a zetʃea
the eleventh	al unsprezecelea, a unsprezecea	al unsprezetʃelea, a unsprezetʃea
the twelfth	al doisprezecelea, a douăsprezecea	al doisprezetʃelea, a douɘsprezetʃea
the thirteenth	al treisprezecelea, a treisprezecea	al treisprezetʃelea, a treisprezetʃea
the fourteenth	al paisprezecelea, a paisprezecea	al paisprezetʃelea, a paisprezetʃea
the fifteenth	al cincisprezecelea, a cincisprezecea	al tʃintʃisprezetʃelea, a tʃintʃisprezetʃea
the sixteenth	al şaisprezecelea, a şaisprezecea	al shaisprezetʃelea, a shaisprezetʃea
the seventeenth	al şaptesprezecelea, a şaptesprezecea	al shaptesprezetʃelea, a shaptesprezetʃea
the eighteenth	al optsprezecelea, a optsprezecea	al optsprezetʃelea, a optsprezetʃea

the nineteenth	al nouăsprezecelea, a nouăsprezecea	al nowɔsprezetʃelea, a nowɔsprezetʃea
the twentieth	al douăzecilea, a douăzecea	al dowɔzetʃilea, a dowɔzetʃea
the twenty first	al douăzeci și unulea, a douăzeci și una	al dowɔzetʃishiunulea, a dowɔzetʃishiuna
the twenty second	al douăzeci și doilea, a douăzeci și doua	al dowɔzetʃishidoilea, a dowɔzetʃishidowa
the thirtieth	al treizecilea, a treizecea	al treizetʃilea, a treizetʃea
I like best:	Îmi place cel mai mult:	ími platʃe tʃel mai mult:
the fortieth	al patruzecilea, a patruzecea	al patruzetʃilea, a patruzetʃeǎ
the fiftieth	al cincizecilea, a cincizecea	al tʃintʃizetʃilea, a tʃintʃizetʃea
the sixtieth	al șaizecilea, a șaizecea	al shaizetʃilea, a shaizetʃea
the seventieth	al șaptezecilea, a șaptezecea	al shaptezetʃilea, a shaptezetʃea
the eightieth	al optzecilea, a optzecea	al optzetʃilea, a optzetʃea
the ninetieth	al nouăzecilea, a nouăzecea	al nowɔzetʃilea, a nowɔzetʃea
the hundredth	al o sutălea, a o suta	al o sutɔlea, a o suta
I have scores of books.	Am zeci de cărți.	am zetʃi de kɔrtsi.
He has some ten pencils.	Are vreo zece creioane.	are vreo zetʃe krejoane.
What's the percentage?	Care este procentajul?	kare jeste protʃentaʒul?
I want three per cent.	Vreau trei la sută.	vreau trei la sutɔ.
I weigh 65 kilos.	Eu cîntăresc 65 kg.	jeu kîntɔresk shaizetʃi shi tʃintʃi de kilograme.
I am 1.82 m tall.	Am înălțimea de 1,82 m.	am înɔltsimea de un metru shi optzetʃi shi doi tʃentimetri.
I measure 85 cm round the chest.	Am perimetrul toracic de 85 cm.	am perimetrul toratʃik de optzetʃi shi tʃintʃi de tʃentimetri.
This room is 15 m long, 9 m wide, and 12 m high.	Camera aceasta are o lungime de 15 m, lățimea de 9 m și înălțimea de 12 m.	kamera atʃasta are o lundʒime de tʃintʃisprezetʃe metri, lɔtsimea de nowɔ metri shi înɔltsimea de doisprezetʃe metri.

English	Romanian	Pronunciation
The North Sea is less than 200 m deep.	Marea Nordului are o adîncime mai mică de 200 m.	marea nordului are o adîntʃime mai mikɔ de dowɔ sute de metri.
Light travels at a rate of 300,000 km a second.	Lumina se propagă cu o viteză de 300.000 km pe secundă.	lumina se propagɔ ku o vitezɔ de trei sute de mii de kilometri pe sekundɔ.
We had nearly 20 degrees of frost last night.	Azi noapte a fost o temperatură de aproape 20° sub zero.	azi nwapte a fost o temperaturɔ de aprwape dowɔzetʃi de grade sub zero.
In this area the speed limit for cars is 30 km an hour.	În zona aceasta limita de viteză pentru autovehicule e de 30 km pe oră.	în zona atʃasta limita de vitezɔ pentru autovehikule je de treizetʃi kilometri pe orɔ.
The area of this field is ten hectares.	Suprafaţa acestui cîmp e de 10 ha.	suprafatsa atʃestui kîmp je de zetʃe hektare.
Do you weigh as much as she does?	Cîntăriţi la fel ca ea?	kîntɔritsi la fel ka ja?
What are the arithmetical operations?	Care sînt operaţiile aritmetice?	kare sînt operatsiile aritmetitʃe?
—addition	— adunarea	— adunarea
— subtraction	— scăderea	— skɔderea
— multiplication	— înmulţirea	— înmultsirea
— division	— împărţirea	— împɔrtsirea
What are 8 times 8?	Cît fac 8 ori 8?	kît fac opt ori opt?
What is the answer if you multiply 9 by 12?	Cît se obţine dacă se înmulţeşte 9 cu 12?	kît se obtsine dakɔ se înmultseshte nowɔ ku doisprezetʃe?
What remains if you subtract 15 from 75?	Cît rămîne dacă se scade 15 din 75?	kît rɔmîne dakɔ se skade tʃintʃisprezetʃe din shaptezetʃi shi tʃintʃi?
What do 5 plus 6 and 7 add up to?	Cît fac 5 plus 6 plus 7?	kît fak tʃintʃi plusshase plus shapte?
Divide 60 by 5.	Împărţiţi 60 la 5.	împɔrtsitsi shaizetʃi la tʃintʃi.
2 and 3 is five.	2 şi cu 3 fac 5.	doi shi ku trei fak tʃintʃi.
The square of 7 is 49.	Pătratul lui 7 e 49.	pɔtratul lui shapte je patruzetʃi shi nowɔ.
This circle has a diameter of 2 cm.	Acest cerc are un diametru de 2 cm.	atʃest tʃerk are un diametru de doi tʃentimetri.

What colour is your car?	Ce culoare are maşina dvs.?	tʃe kulware are mashína dumneavwastrə?
My house is as large as his.	Casa mea este la fel de mare ca a lui.	kasa mea jeste la fel de mare ka a lui.
George's pencil is smaller than this.	Creionul lui George este mai mic decît acesta.	krejonul lui dʒordʒe jeste mai mik dekît atʃesta.
Is your friend taller than me?	Prietenul dvs. este mai înalt decît mine?	prietenul dumneavwastrə jeste mai înalt dekît mine?
What colour is this...?	Ce culoare e acesta/ aceasta...?	tʃe kulware je atʃesta/ atʃasta...?
white	alb(ă)	alb(ə)
red	roşu, roşie	roshu, roshie
blue	albastru, albastră	albastru, albastrə
brown	cafeniu, cafenie	kafeniu, kafenie
green	verde	verde
grey	gri, cenuşiu, cenuşie	gri, tʃenushiu, tʃenushie
yellow	galben(ă)	galben(ə)
black	negru, neagră	negru, neagrə
pink	roz	roz
Do you think this is...?	Crezi că este...?	krezi kə jeste...?
beautiful	frumos, frumoasă	frumos, frumwasə
ugly	urît(ă)	urît(ə)
big	mare	mare
small	mic(ă)	mik(ə)
long	lung(ă)	lung(ə)
short	scurt(ă)	skurt(ə)
tall	înalt(ă)	înalt(ə)
wide	larg(ă)	larg(ə)
tight	strîmt(ă)	strîmt(ə)
thin	subţire	subtsire
thick	gros, groasă	gros, grwasə
round	rotund(ă)	rotund(ə)
square	pătrat(ă)	pətrat(ə)
sharp	ascuţit(ă)	askutsit(ə)
new	nou(ă)	nou(ə)
old	vechi, veche	veki, veke
clean	curat(ă)	kurat(ə)
good	bun(ă)	bun(ə)

bad	răn, rea	rɔu, rea
warm	cald(ă)	kald(ə)
cold	rece	retʃe
rich	bogat(ă)	bogat(ə)
poor	sărac(ă)	sərak(ə)
hot	fierbinte	fierbinte
cheap	ieftin(ă)	jeftin(ə)
hard	tare	tare
soft	moale	moale
The boy/girl is:	Băiatul/fata este:	bəjatul/fata jeste:
hungry	flămînd(ă)	fləmînd(ə)
satiated, full	sătul(ă)	sətul(ə)
clever	deştept, deşteaptă	deshtept, deshteaptɔ
stupid	prost, proastă	prost, proastɔ
happy	fericit(ă)	feritʃit(ə)
unhappy	nefericit(ă)	neferitʃit(ə)
This container/box is:	Acest container/această cutie este:	atʃest kontainər/atʃastɔ kutie jeste:
empty	gol, goală	gol, goalɔ
full	plin, plină	plin, plinɔ
heavy	greu, grea	greu, grea
light	uşor, uşoară	ushor, ushoarɔ
This street is:	Această stradă e:	atʃastɔ stradɔ je:
narrow	îngustă	îngustɔ
broad	largă	largɔ
Is this seat...?	Locul acesta e...?	lokul-atʃesta je...?
free	liber	liber
occupied	ocupat	okupat
The apple is not:	Mărul nu este:	mərul nu jeste:
sour	acru	akru
sweet	dulce	dultʃe
ripe	copt	kopt
raw	crud	krud
This river is:	Acest rîu e:	atʃest rîu je:
deep	adînc	adînk
shallow	neadînc	neadînk
The weather has been:	Vremea a fost:	vremea a fost:
wet	umedă	umedɔ
dry	uscată	uskatɔ
She is always:	Ea vine totdeauna:	ja vine totdeauna:
early	devreme	devreme
late	tîrziu	tîrziu

47

The lane is :	Ulița este :	ulitsa jeste :
crooked	strîmbă, întortocheată	strîmbɔ, întortokiatɔ
straight	dreaptă	dreaptɔ

THE TIME   TIMPUL   timpul

We've plenty of time.	Avem destul timp.	avem destul timp.
Don't hurry! Take your time.	Nu vă grăbiți! Luați-o domol.	nu vɔ grɔbitsi! lwatsio domol.
We'll be there in time.	Vom ajunge acolo la timp.	vom aʒundʒe akolo la timp.
How much time will it take to get there?	În cît timp ajungem acolo?	în kît timp aʒundʒem akolo?
You've been a long time.	Ați stat foarte mult.	atsi stat fwarte mult.
I've very little spare time.	Am foarte puțin timp liber.	am fwarte putsin timp liber.
I can't afford the time.	Nu am timp.	nu am timp.
What's the hurry?	De ce vă grăbiți?	detʃe vɔ grɔbitsi?
It's a waste of time.	Este o pierdere de timp.	jeste o pierdere de timp.
I just want to kill time.	Vreau să-mi omor timpul.	vreau sɔmi omor timpul.
Try to make up for lost time.	Încearcă să recuperezi timpul pierdut.	întʃarkɔ sɔ rekuperezi timpul pierdut.
I'll be back soon.	Mă întorc curînd.	mɔ întork kurînd.
Time's up.	Este timpul (să terminați).	jeste timpul (sɔ terminatsi).
It's a matter ot time.	Este o chestiune de timp.	jeste o kestiune de timp.
It's bedtime/lunchtime.	Este vremea de culcare/vremea prînzului.	jeste vremea de kulkare/vremea prînzului.
I had to leave early.	A trebuit să plec devreme.	a trebuit sɔ plek devreme.
He works in the daytime.	El lucrează ziua.	jel lukreazɔ ziwa.
He came too late.	El a venit prea tîrziu.	jel a venit prea tîrziu.
Am I too early? I'm sorry, I'll come back later.	Am venit prea devreme? Scuzați, revin mai tîrziu.	am venit prea devreme? skuzatsi, revin mai tîrziu.
It's getting late.	Se face tîrziu.	se fatʃe tîrziu.
What's the date today?	Ce dată este astăzi?	tʃe datɔ jeste astɔzi?

48

English	Romanian	Pronunciation
We'll be half an hour late.	Vom întîrzia o jumătate de oră.	vom întîrzia o ʒumətate de orə.
When do you get up in the morning?	Cînd vă sculați dimineața?	kînd və skulatsi dimineatsa?
Let's go for a walk:	Să facem o plimbare:	sə fatʃem o plimbare:
— in the afternoon	— după amiază	— dupə amiazə
— in the evening	— seara	— seara
— tonight	— deseară	— desearə
I woke in the night.	M-am trezit în timpul nopții.	mam trezit în timpul noptsii.
It will be raining at noon/at night.	Va ploua la amiază/la noapte.	va plowa la amiazə/la nwapte.
What day was yesterday/the day before yesterday?	Ce zi a fost ieri/alaltăieri?	tʃe zi a fost jeri/alalt ɔ-jeri?
Today is the third of June.	Astăzi este trei iunie.	astɔzi jeste trei junie.
What's today? — Today is Tuesday.	Ce zi este astăzi? — Astăzi este marți.	tʃe zi jeste astɔzi? — astɔzi jeste martsi.
Today week will be my birthday.	De azi într-o săptămînă e ziua mea de naștere.	de azi întro sɔptəmînɔ je ziwa mea de nashtere.
I came back last week/a fortnight ago.	M-am întors săptămîna trecută/acum două săptămîni.	mam întors sɔptɔmîna trekutɔ/akum dowɔ sɔptɔmîni.
I've been back at home now for ten days.	Sînt acasă de zece zile.	sînt akasɔ de zetʃe zile.
I'm leaving this week/next week.	Plec săptămîna aceasta/săptămîna viitoare.	plek sɔptɔmîna atʃasta/sɔptɔmîna viitware.
I met Mr... the other day.	Deunăzi l-am întîlnit pe dl....	deunɔzi lam întîlnit pe domnul...
I haven't seen him since:	Nu l-am văzut din:	nu lam vɔzut din:
— January	— ianuarie	— janwarie
— February	— februarie	— febrwarie
— March	— martie	— martie
— April	— aprilie	— aprilie
— May	— mai	— mai
— June	— iunie	— junie
— July	— iulie	— julie
— August	— august	— august
— September	— septembrie	— septembrie
— October	— octombrie	— oktombrie

49

— November	— noiembrie	— nojembrie
— December	— decembrie	— detʃembrie
Do you like...?	Vă place...?	vɔ platʃe...?
— spring	— primăvara	— primɔvara
— summer	— vara	— vara
— autumn	— toamna	— twamna
— winter	— iarna	— jarna
I'll be seeing you on:	Ne vedem:	ne vedem:
— Monday	— luni	— luni
— Tuesday	— marţi	— martsi
— Wednesday	— miercuri	— mjerkuri
— Thursday	— joi	— ʒoi
— Friday	— vineri	— vineri
— Saturday	— sîmbătă	— sîmbɔtɔ
— Sunday	— duminică	— duminikɔ
What is the time?	Cît e ceasul?	kît je tʃasul?
What's the time, please?	Cît e ora, vă rog?	kît je ora, vɔ rog?
It's four o'clock.	Este ora patru.	jeste ora patru.
It's exactly half past four.	Este patru şi jumătate.	jeste patru shi ʒumɔtate.
It's five/a quarter past four.	Este patru şi cinci/şi un sfert.	jeste patru shi tʃintʃi/ shi un sfert.
It's twenty five to five.	Este cinci fără douăzeci şi cinci.	jeste tʃintʃi farɔ dowɔzetʃi shi tʃintʃi
It's nearly five.	Este aproape cinci.	jeste aprwape tʃintʃi.
It's five sharp.	Este cinci fix.	jeste tʃintʃi fiks.
It's twelve midnight.	Este miezul nopţii.	jeste miezul noptsii.
Oh, is it as late as that?	Este chiar aşa de tîrziu?	jeste kjar asha de tîrziu?
What's the time by your watch?	Cît e ceasul la dvs.?	kît je tʃasul la dumneavwastrɔ?
It's getting on for six.	Se apropie de şase.	se apropie de shase.
Is it eight already?	Este deja opt?	jeste deʒa opt?
I haven't got a watch.	Nu am ceas.	nu am tʃas.
The clock is striking nine.	Ceasul bate ora nouă.	tʃasul bate ora nowɔ.
My watch is ten minutes slow/fast.	Ceasul meu este în urmă/înainte cu zece minute.	tʃasul meu jeste în urmɔ/ înainte ku zetʃe minute.
Does your watch keep good time?	Ceasul dumneavoastră merge bine?	tʃasul dumneavwastrɔ merdʒe bine?
My watch has stopped.	Ceasul meu s-a oprit.	tʃasul meu sa oprit.

50

It's run down.	S-a stricat.	sa strikat.'
I must wind it up.	Trebuie să-l întorc.	trebuje sɔl întork.
I set my alarm clock.	Am pus deșteptătorul să sune.	am pus deshteptɔtorul sɔ sune.
I must have my watch repaired.	Trebuie să dau ceasul la reparat.	trebuje sɔ dau tʃasul la reparat.

THE WEATHER   VREMEA   vremea

What's the weather like today?	Cum este vremea astăzi?	kum jeste vremea astɔzi?
It's a nice morning/ a fine day,. isn't it?	Este o dimineață/o zi frumoasă, nu-i așa?	jeste o dimineatsɔ/o zi frumwasɔ, nui asha?
What a glorious morning!	Ce dimineață splendidă!	tʃe dimineatsɔ splendidɔ!
It looks like being another fine day.	Se pare că iar o să avem o zi frumoasă.	se pare kɔ jar o sɔ avem o zi frumwasɔ.
Do you think it looks like rain?	Credeți că o să plouă?	kredetsi kɔ o sɔ plowɔ?
It was cloudy this morning.	În dimineața aceasta a fost înnorat.	în dimineatsa atʃasta a fost înorat.
Today it is:	Astăzi este:	astɔzi jeste:
— cold	— rece	— retʃe
— warm	— cald	— kald
— hot	— foarte cald	— fwarte kald
— damp	— umed	— umed
— nippy	— cam frig	— kam frig
— windy	— vînt	— vînt
— foggy	— ceață	— tʃatsɔ
— stuffy	— înăbușitor	— înɔbushitor
The sun is coming out.	Iese soarele (din nori).	jese swarele (din nori).
The weather is getting warmer.	Vremea se încălzește.	vremea se înkɔlzeshte.
We'll have a warm day.	Vom avea o zi călduroasă.	vom avea o zi kɔldurwasɔ.
The sun is dazzling.	Soarele strălucește orbitor.	swarele strɔlutʃeshte orbitor.
What a hot summer we're having this year!	Ce vară călduroasă avem anul acesta!	tʃe varɔ kɔldurwasɔ avem anul atʃesta!

51

We've had continuous hot weather for a fortnight.	De două săptămîni vremea se menţine călduroasă.	de dow> s>pt>mîni vremea se mentsiue k>ldurwasə.
The fine weather won't last (hold).	Vremea frumoasă nu va dura mult.	vremea frumwasə nu va dura mult.
I'm afraid we're in for rainy weather.	Mă tem că ne aşteaptă o vreme ploioasă.	m> tem k> ne ashteaptə o vreme ploiwas>.
It's raining very hard.	Plouă foarte tare.	plowə fwarte tare.
It's pouring.	Toarnă /plouă cu găleata.	twarn>/plowə ku gəleata.
Very rainy, isn't it?	Straşnică ploaie, nu-i aşa?	strashnik> plwaje, nui asha?
Mind you don't catch a cold in this damp weather.	Aveţi grijă să nu răciţi pe vremea asta umedă.	avetsi gri3ə s> nu r>tʃitsi pe vremea asta umedə.
Is the weather ... ?	Vremea este ...?	vremea jeste ...?
— mild	— blîndă	— blînd>
— settled	— stabilă	— stabilə
— changeable	— schimbătoare	— skimbətware
Take your mac in case it rains.	Luaţi-vă fulgarinul în caz de ploaie.	lwatsiv> fulgarinul în kaz de plwaje.
It's showery.	Este o vreme ploioasă.	jeste o vreme ploiwasə.
It's hailing.	Bate grindina.	bate grindina.
It's thundering.	Tună.	tun>.
It's lightening.	Fulgeră.	fuld3er>.
It's clearing up.	Se înseninează.	se însenineazə.
It's freezing.	Este ger; îngheaţă.	jeste d3er; îngeatsə.
It's thawing.	Se dezgheaţă.	se dezgeats>.
It's drizzling.	Burniţează.	burnitseaz>.
It's slippery.	Este polei.	jeste polei.
It's cold today.	Astăzi este frig.	ast>zi jeste frig.
It's rather cold for this time of the year.	Este cam frig pentru anotimpul acesta.	jeste kam frig pentru anotimpul atʃesta.
The weather has turned much colder.	Vremea s-a răcit mult.	vremea sa r>tʃit mult.
Winter has set in.	A venit iarna.	a venit jarna.
We've had an early/late spring this year.	Anul acesta am avut o primăvară timpurie/tîrzie.	anul atʃesta am avut o priməvar> timpurie/tîrzie.
We had fog for nearly a week in November.	În noiembrie a fost ceaţă aproape o săptămînă.	în nojembrie a fost tʃatsə aprwape o səptəmîn>.
I feel terribly cold.	Mi-este foarte frig.	mjeste fwarte frig.

I can't bear the cold.	Nu pot suferi frigul.	nu pot suferi frigul.
What's the forecast for today?	Ce vreme se anunță pentru astăzi?	tʃe vreme se anuntsə pentru astəzi?
Occasional rain in the South and Transylvania with thunder and bright periods.	Ploi temporare în sud și în Transilvania cu furtuni și intervale senine.	ploi temporare în sud shi în transilvania ku furtuni shi intervale senine.
Mainly dry in most other areas.	În restul țării vremea va fi în general uscată.	în restul tsərii vremea va fi în dʒeneral uskatə.
Temperatures mostly near normal.	Temperaturile vor fi în general apropiate de normal.	temperaturile vor fi în dʒeneral apropiate de normal.
Today it is 15 degrees (centigrade) below zero.	Astăzi temperatura este de 15° sub zero.	astəzi temperatura jeste de tʃintʃisprezetʃe grade sub zero.
How many degrees of frost?	Cîte grade sub zero?	kîte grade sub zero?
Seven degrees below freezing point.	Șapte grade sub zero.	shapte grade sub zero.
What's the outlook for tomorrow?	Ce vreme se anunță pentru mîine?	tʃe vreme se anuntsə pentru mîine?
Mainly dry with sunny periods in most parts.	Vreme în general uscată cu soare în cea mai mare parte a țării.	vreme în dʒeneral uskatə ku sware în tʃea mai mare parte a tsərii.

AT THE HOTEL	**LA HOTEL**	la hotel

General Expressions	**Expresii generale**	ekspresii dʒenerale
What hotel do you intend staying at?	La ce hotel intenționați să stați?	la tʃe hotel intentsionatsi sə statsi?
Have you any accomodation?	Aveți camere libere?	avetsi kamere libere?
Have you booked a room, sir?	Ați rezervat o cameră, domnule?	atsi rezervat o kamerə, domnule?
I want a room on the first floor.	Vreau o cameră la etajul întîi.	vreau o kamerə la etajul întîi.
What kind of room do you want?	Ce fel de cameră doriți?	tʃe fel de kamerə doritsi?
I want a single/double room.	Doresc o cameră cu un pat/cu două paturi.	doresk o kamerə ku un pat/ku dowə paturi.

I have a single room with shower/bath on the 4th floor.	Am o cameră cu un pat/cu duş/baie la etajul patru.	am o kamerə ku un pat/ku dush/baje la etaʒul patruı
Will that suit you?	Vă convine?	və konvine?
There's a lift you can use.	Puteti folosi liftul.	putetsi folosi liftul.
This room suits/doesn't suit me.	Camera aceasta îmi convine/nu îmi place.	kamera atʃasta îmi konvine/nu îmi platʃe.
How long do you want to stay?	Cît doriţi să staţi?	kît doritsi sə statsi?
May I ask what the charge is?	Îmi puteţi spune care este tariful?	îmi putetsi spune kare jeste tariful?
Does the tariff include the service as well?	Tariful cuprinde şi serviciul?	tariful kuprinde shi servitʃiul?
Please, have my things brought up to my room.	Duceţi, vă rog, bagajul în cameră.	dutʃetsi, və rog, bagaʒul în kamerə.
Give me the key of my room, please.	Daţi-mi, vă rog, cheia,	datsimi, və rog, keja.
Which is my room number?	Ce număr are camera mea?	tʃe numər are kamera mea?
Your room is number 90 and here's your key.	Aveţi camera 90, poftiţi cheia.	avetsi kamera nowəzetʃi, poftitsi keja.
Will you, please, fill in this form?	Vreţi, vă rog, să completaţi acest formular?	vretsi, və rog, sə kompletatsi atʃest formular?
— surname	— numele	— numele
— christian name	— prenumele	— prenumele
— nationality	— naţionalitatea	— natsionalitatea
— where born	— locul naşterii	— lokul nashterii
— date of birth	— data naşterii	— data nashterii
— permanent address	— domiciliul stabil	— domitʃiliul stabil
— signature	— semnătura	— semnətura
Do you want to pay now?	Doriţi să plătiţi acum?	doritsi sə plətitsi akum?
Ring the bell if you want anything.	Dacă doriţi ceva, sunaţi.	dakə doritsi tʃeva, sunatsi.
Where shall I leave the key when I go out?	Unde las cheia cînd ies?	unde las keja kînd jes?
Lock your room, please.	Vă rog să încuiaţi uşa.	və rog sə înkujatsi usha.

I want to go to the:	Vreau să merg la:	vreau sə merg la:
— barber's shop	— frizerie	— frizerie
— restaurant	— restaurant	— restaurant
— cocktail bar	— bar	— bar
I'm expecting a friend tonight. Could you send him up?	Astă seară aştept un prieten. Aţi putea să-l trimiteţi sus?	astə searə ashtept un prieten. atsi putea səl trimitetsi sus?
Will you tell him to leave me a message when to expect him back?	Vreţi să-i spuneţi să-mi lase vorbă cînd revine?	vretsi səi spunetsi səmi lase vorbə kînd revine?
Tell him I'll be back in an hour.	Spuneţi-i că mă întorc într-o oră.	spunetsii kə mə întork întro orə.
Can I be called at seven o'clock in the morning?	Mă puteţi śuna (deştepta) la ora şapte dimineaţa?	mə putetsi suna (deshtepta) la ora shapte dimineatsa?
Could I have breakfast in my room at eight?	Puteţi să-mi aduceţi micul dejun în cameră la ora opt?	putetsi səmi adutʃetsi mikul dezun în camerə la ora opt?
Have you anywhere to put my car?	Aveţi unde să-mi garaţi maşina?	avetsi unde səmi garatsi mashina?
I don't want to leave it parking in the street.	Nu vreau s-o las în stradă.	nu vreau so las în stradə.
There's a garage just round the corner.	După colţ se află un garaj.	dupə kolts se aflə un garaz.
I'm leaving tomorrow morning.	Plec mîine dimineaţă.	plek mîine dimineatsə.
Have my bill ready by 8 o'clock, please.	Pregătiţi-mi nota de plată la ora opt, vă rog.	pregətitsimi nota de platə la ora opt, və rog.
Porter, get me a taxi, please.	Portar, te rog, cheamă un taxi.	portar, te rog, keamə un taksi.
Have my cases put into the taxi.	Pune-mi geamantanele în taxi.	punemi dzamantanele în taksi.
When will you be back, sir?	Cînd vă întoarceţi, domnule?	kînd və întwartʃetsi, domnule?
I expect I'll be back in a fortnight.	Cred că mă întorc peste două săptămîni.	kred kə mə întork peste dowə səptəmîni.

Heating	Încălzirea	înkɔlzirea
It's:	Este:	jeste:
— too warm	— prea cald	— prea kald
— rather cold	— cam frig	— kam frig
— nice and warm	— plăcut	— plɔkut
Is the central heating on?	Funcționează instalația de încălzire centrală?	funktsioneazɔ instalatsia de înkɔlzire tʃentralɔ?
We shall have to put on the radiator.	Va trebui să dăm drumul la radiator.	va trebui sɔ dɔm drumul la radiator.
The room is overheated.	Camera este supra-încălzită.	kamera jeste supra-înkɔlzitɔ.
My room can't be heated properly.	Camera mea nu se încălzește bine.	kamera mea nu se în-kɔlzeshte bine.
I can't sleep in a cold/heated room.	Eu nu pot dormi într-o cameră rece/încălzită.	jeu nu pot dormi întro kamerɔ retʃe/înkɔl-zitɔ.
The electric radiator doesn't seem to work.	Radiatorul electric nu funcționează.	radiatorul elektrik nu funktsioneazɔ.

In the Evening	Seara	seara
Are you feeling sleepy?	Vă este somn?	vɔ jeste somn?
I'm a bit tired after the journey.	Sînt puțin obosit după călătorie.	sînt putsin obosit dupɔ kɔlɔtorie.
I want to go to bed.	Vreau să mă culc.	vreau sɔ mɔ kulk.
I don't feel sleepy a bit.	Nu îmi este somn de loc.	nu îmi jeste somn de lok.
I'm nearly asleep.	Pic de somn.	pik de somn.
What time do you generally go to bed?	La ce oră vă culcați de obicei?	la tʃe orɔ vɔ kulkatsi de obitʃei?
I go to bed:	Mă culc:	mɔ kulk:
— early	— devreme	— devreme
— late	— tîrziu	— tîrziu
— after midnight	— după miezul nopții	— dupɔ mjezul noptsii
I think it's time to go to bed.	Cred că este timpul să ne culcăm.	kred kɔ jeste timpul sɔ ne kulkɔm.
I'm going to bed.	Mă duc să mă culc.	mɔ duk sɔ mɔ kulk.
Mind if I sit up a little longer?	Aveți ceva împotrivă dacă eu mai rămîn puțin?	avetsi tʃeva împotrivɔ dakɔ jeu mai rɔmîn putsin?

When shall I wake you tomorrow morning?	La ce oră să vă trezesc dimineață?	la tʃe orɔ sɔ vɔ trezesk dimineatsɔ?
Will you call me at seven, please?	Vreți, vă rog, să mă sculați (sunați) la ora șapte?	vretsi, vɔ rog, sɔ mɔ skulatsi (sunatsi) la ora shapte?
Please change the sheet/the pillow.	Schimbați-mi, vă rog, cearșaful/perna.	skimbatsimi, vɔ rog, tʃarshaful/perna.
Have a good sleep. (I hope you will sleep well.)	Somn ușor. (Vă doresc somn ușor.)	somn ushor. (vɔ doresk somn ushor.)

In the Morning — Dimineața — dimineatsa

You're up already. What time did you wake up?	V-ați sculat deja. La ce oră v-ați trezit?	vatsi skulat deʒa. la tʃe orɔ vatsi trezit?
I'm an early riser/a late riser.	Mă scol devreme/tîrziu.	mɔ skol devreme/tîrziu.
Did you have a good rest? (Did you sleep well?)	V-ați odihnit bine? (Ați dormit bine?)	vatsi odihnit bine? (atsi dormit bine?)
I had a bad night. I didn't sleep more than three hours.	Am avut o noapte proastă. Nu am dormit mai mult de trei ore.	am avut o nwapte prwastɔ. nu am dormit mai mult de trei ore.
I've only just waked up.	Tocmai m-am sculat.	tokmai mam skulat.
I didn't sleep a wink.	Nu am închis ochii toată noaptea.	nu am înkis okii twatɔ nwaptea.
Can I go to the bathroom now?	Pot să merg la baie acum?	pot sɔ merg la baje akum?
I want to have my bath/shower.	Vreau să fac baie/duș.	vreau sɔ fak baje/dush.
Where are my dressing gown and slippers?	Unde-mi sînt halatul și papucii?	undemi sînt halatul shi paputʃii?
I must:	Trebuie să mă:	trebuje sɔ mɔ:
— wash	— spăl	— spɔl
— shave	— bărbieresc	— bɔrbieresk
— do my hair	— pieptăn	— pieptɔn
— get dressed	— îmbrac	— îmbrak
— tidy myself up	— aranjez	— aranʒez

Do you need any blades for your safety razor?	Aveți nevoie de lame pentru aparatul de bărbierit?	avetsi nevoje de lame pentru aparatul de bərbierit?
No, thank you. I'm going to use my electric razor.	Nu, mulțumesc. Voi folosi aparatul de ras electric.	nu, multsumesk, voi folosi aparatul de ras elektrik.
What should I wear?	Ce să-mi pun?	tʃe səmi pun?
Put on something warm.	Puneți-vă ceva călduros.	punetsivə tʃeva kəlduros.
You're too lightly dressed.	Sînteți îmbrăcat prea subțire.	síntetsi îmbrəkat prea subtsire.
Shall I wear a dark suit/a light dress?	Să-mi pun un costum închis/o rochie deschisă?	səmi pun un kostum înkis/o rokie deskisə?
It goes well with blue.	Merge (se asortează) cu albastru.	merdʒe (se asorteazə) ku albastru.
Was your suit tailor-made or ready-to-wear?	Costumul dumneavoastră este făcut de comandă sau luat de gata?	kostumul dumneavwastrə jeste fəkut de komandə sau lwat de gata?
Evening dress is optional.	Costum de seară la alegere.	kostum de searə la aledʒere.
As soon as you have washed and dressed, come down to have breakfast.	Îndată ce vă spălați și vă îmbrăcați, coborîți să luați micul dejun.	îndatə tʃe və spəlatsi shi və îmbrəkatsi, koborîtsi sə lwatsi mikul deʒun.

IN A RESTAURANT LA RESTAURANT la restaurant

General Expressions Expresii generale ekspresii dʒenerale

Let's go to a restaurant.	Să mergem la un restaurant.	sə merdʒem la un restaurant.
Where is the nearest restaurant?	Unde se află restaurantul cel mai apropiat?	unde se aflə restaurantul tʃel mai apropiat?
There is a restaurant in the hotel.	Este un restaurant în hotel.	jeste un restaurant în hotel.
The restaurant is: — on the groundfloor	Restaurantul se află: — la parter	restaurantul se aflə: — la parter

English	Romanian	Pronunciation
— across the road	— vizavi	— vizavi
— round the corner	— după colţ	— dupə kolts
Are you hungry/ thirsty?	Vă e foame/sete?	və je fwame/sete?
Let's find a table near the window.	Să găsim o masă lîngă fereastră.	sə gəsim o masə lîngɔ fereastrə.
Is this table vacant?	Masa aceasta este liberă?	masa atʃasta jeste liberə?
I hope this seat isn't taken.	Sper că locul acesta nu este ocupat.	sper kə lokul atʃesta nu jeste okupat.
We must shift to another table.	Trebuie să ne mutăm la altă masă.	trebuje sə ne mutəm la altə masə.
Table for two, please.	O masă pentru două persoane, vă rog.	o masə pentru dowə perswane, və rog.
I'll order something to eat.	Am să comand ceva de mîncare.	am sə komand tʃeva de mînkare.
Show me the menu, waiter.	Chelner, lista te rog.	kelner, lista te rog.
Have you made your choice?	Aţi ales?	atsi ales?
What would you like to eat?	Ce aţi vrea să mîncaţi?	tʃe atsi vrea sə mînkatsi?
I want something light.	Vreau ceva uşor.	vreau tʃeva ushor.
What do you recommend?	Ce-mi recomandaţi?	tʃemi rekomandatsi?
Bring me a tomato juice, please.	Adu-mi, te rog, un suc de roşii.	adumi, te rog, un suk de roshii.
Can I get you something to drink?	Să vă aduc ceva de băut?	sə və aduk tʃeva de bəut?
A lemon-squash/orange-squash, please.	O limonadă/oranjadă, te rog.	o limonadə/oranʒadə, te rog.
I'll take the same.	La fel şi pentru mine.	la fel shi pentru mine.
Just a glass of water for me.	Eu vreau un pahar cu apă.	jeu vreau un pahar ku apə.
Are you being served?	Domnul/doamna este servit(ă)?	domnul/dwamna jeste servit(ə)?
I've given my order.	Mi s-a luat comanda.	mi sa lwat komanda.
Will you open this bottle for me, please?	Vreţi să-mi destupaţi sticla aceasta?	vretsi səmi destupatsi stikla atʃasta?
Another place, please.	Mai aduceţi un tacîm, vă rog.	mai adutʃetsi un tàkîm, və rog.
Will you get me ...?	Vreţi să-mi aduceţi ...?	vretsi səmi adutʃetsi...?
— a serviette	— un şervet	— un shervet

— a knife	— un cuțit	— un kutsit
— a fork	— o furculiță	— o furkulitsə
— a spoon	— o lingură	— o lingurə
— a teaspoon	— o linguriță	— o linguritsə
— a glass	— un pahar	— un pahar
— a (soup) plate	— o farfurie (de su-pă)	— o farfurie (de su-pə)
— a cup	— o ceașcă	— o tʃashkə
Would you, please, pass me some ...?	Vreți să-mi dați, vă rog, niște ...?	vretsi səmi datsi, və rog, nishte ...?
— salt	— sare	— sare
— sugar	— zahăr	— zahər
— lemon	— lămîie	— ləmîje
— vinegar	— oțet	— otset
— pepper	— piper	— piper
— oil	— untdelemn	— untdelemn
— mustard	— muștar	— mushtar
— pimento	— ardei	— ardei
— sauce	— sos	— sos
Could you call the waiter?	Vreți să chemați ospătarul?	vretsi sə kematsi ospə-tarul?
Waiter, bring me the bill, please.	Ospătar, nota, te rog.	ospətar, nota, te rog.
How much is the bill?	Cît face?/Cît am de plată?	kît fatʃe?/kît am de platə?
The service is quite good.	Serviciul este foarte bun.	servitʃul jeste fwarte bun.
Keep the change/That's for yourself.	Păstrează restul/Asta pentru dumneata.	pəstreazə restul/asta pentru dumneata.

Breakfast	**Micul dejun**	mikul deʒun
I feel like eating something.	Aș mînca ceva.	ash mînka tʃeva.
I usually feel hungry in the morning.	De obicei mi-e foame dimineața.	de obitʃei mje fwame dimineatsa.
When did you have breakfast?	Cînd ați luat micul dejun?	kînd atsi lwat mikul deʒun?
I haven't had breakfast yet.	Nu am luat încă micul dejun.	nu am lwat înkə mikul deʒun.
I could do with a snack myself.	Mi-ar prinde bine și mie o gustare.	mjar prinde bine shi mie o gustare.

60

English	Romanian	Pronunciation
Do you like tea or coffee?	Vreţi ceai sau cafea?	vretsi tʃai sau kafea?
I prefer a cup of tea.	Prefer o ceaşcă de ceai.	prefer o tʃashkə de tʃai.
How do you like your tea?	Cum vă place ceaiul?	kum vɔ platʃe tʃajul?
I like it strong/weak.	Îmi place tare/slab.	îmi platʃe tare/slab.
I know you don't like coffee.	Ştiu că nu vă place cafeaua.	shtiu kə nu vɔ platʃe kafeawa.
Have you toasted the bread yet?	Aţi prăjit pîinea?	atsi prɔʒit pîinea?
Shall I pour you out a cup of tea?	Să vă torn o ceaşcă de ceai?	sɔ vɔ torn o tʃashkɔ de tʃai?
Do you take sugar/milk in your tea?	Beţi ceaiul cu zahăr/cu lapte?	betsi tʃajul ku zahɔr/ ku lapte?
I'd like some :	Doresc nişte :	doresk nishte :
— cornflakes	— fulgi de cereale	— fuldʒi de tʃereale
— ham and eggs	— ouă cu şuncă	— owɔ ku shunkə
— boiled eggs	— ouă fierte	— owɔ fierte
— sausages	— cîrnăciori	— kîrnɔtʃori
— omelet(te)	— omletă	— omletə
— fried eggs	— ochiuri	— okjuri
— soft-boiled eggs	— ouă moi	— owɔ moi
— hard-boiled eggs	— ouă tari	— owɔ tari
— toast	— pîine prăjită	— pîine prɔʒitə
— butter	— unt	— unt
— cream	— smîntînă	— smîntînɔ
— cheese	— brînză	— brînzɔ
— yoghurt	— iaurt	— iaurt
— jam	— dulceaţă	— dultʃatsɔ
— bread	— pîine	— pîine
Can I have a cup of hot milk/cocoa?	Îmi puteţi da o ceaşcă de lapte cald/cacao?	îmi putetsi da o tʃashkɔ de lapte kald/kakao?
Do you like your tea?	Vă place ceaiul?	vɔ platʃe tʃajul?
How does it taste?	Ce gust are?	tʃe gust are?
Here's the marmalade.	Poftiţi gem de portocale.	poftitsi dʒem de portokale.
Help yourself to it.	Serviţi-vă.	servitsivɔ.
Pass me the salt, please.	Daţi-mi, vă rog, sarea.	datsimi, vɔ rog, sarea.
Won't you have some more bread and butter? Perhaps a sandwich?	Nu mai doriţi nişte pîine cu unt? Poate un sandviş?	nu mai doritsi nishte pîine ku unt? pwate un sandvish?

61

Yes, please.	Da, vă rog.	da, və rog.
No, thank you. I've had enough.	Nu, mulţumesc. Este destul.	nu multsumesk, jeste destul.
I don't want any more, thank you.	Nu mai doresc, mulţumesc.	nu mai doresk, multsumesk.
Have you finished your breakfast?	Aţi terminat micul dejun?	atsi terminat mikul dezun?
Yes, I've enjoyed my breakfast very much.	Da, mi-a plăcut foarte mult micul dejun.	da, mja pləkut fwarte mult mikul dezun.

Lunch and Dinner	**Prînzul şi cina**	**prînzul shi tʃina**
What time do you have lunch?	La ce oră luaţi masa de prînz?	la tʃe orə lwatsi masa de prînz?
How many meals a day do you eat?	De cîte ori mîncaţi pe zi?	de kîte ori mînkatsi pe zi?
Lunch is served between one and three o'clock.	Prînzul se serveşte între orele unu şi trei.	prînzul se serveshte între orele unu shi trei.
Where can I have a snack?	Unde pot lua o gustare?	unde pot lwa o gustare?
What do you have for lunch?	Ce mîncaţi la prînz?	tʃe mînkatsi la prînz?
What will you have?	Ce vreţi să luaţi?	tʃe vretsi sə lwatsi?
To begin with, I'd like a glass of:	Vreau, mai întîi, un pahar de:	vreau, mai întîi, un pahar de:
— tomato juice	— suc de roşii	— suk de roshii
— pineapple juice	— suc de ananas	— suk de ananas
— orange/lemon squash	— suc de portocale/lămîie	— suk de portokale/ləmîje
What fish dishes do you have?	Ce mîncăruri de peşte aveţi?	tʃe mînkəruri de peshte avetsi?
Will you have some soup?	Doriţi o supă?	doritsi o supə?
Yes, I'll have:	Da, iau:	da, jau:
— dumpling soup	— supă cu găluşti	— supə ku gəlushti
— tomato soup	— supă de roşii	— supə de roshii
— celery soup	— supă de ţelină	— supə de tselinə
— pea soup	— supă de mazăre	— supə de mazəre
— noodle soup	— supă cu tăiţei	— supə ku təitsei
— chicken soup	— supă de pasăre	— supə de pasəre
— vegetable soup	— supă de legume	— supə de legume
You can also have:	Puteţi să luaţi şi:	putetsi sə lwatsi shi:
— giblet soup	— ciorbă de măruntaie	— tʃorbə de məruntaje

English	Romanian	Pronunciation
— meat ball soup	— ciorbă cu perişoare	— tʃorbɜ ku perishware
— bean soup	— ciorbă de fasole	— tʃorbɜ de fasole
— potato soup	— ciorbă de cartofi	— tʃorbɜ de kartofi
Do you like meat?	Vă place carnea?	vɜ platʃe karnea?
I like beef but I don't like pork.	Îmi place carnea de vacă, dar nu-mi place carnea de porc.	ími platʃe karnea de vakɜ, dar numi plɜtʃe karnea de pork.
Can I have ...?˙	Îmi puteţi da ...?	ími putetsi da ...?
— chicken	— pasăre	— pasɜre
— turkey	— curcan	— kurkan
— lamb	— carne de miel	— karne de miel
— mutton	— carne de berbec	— karne de berbek
— veal	— carne de viţel	— karne de vitsel
— pork chops	— cotlet de porc	— kotlet de pork
— steak	— antricot	— antrikot
— beefsteak	— biftec	— bíftek
— roast beef	— rosbif	— rosbif
— liver	— ficat	— fikat
— mushrooms	— ciuperci	— tʃupertʃi
— schnitzel	— şniţel	— shnitsel
— Irish stew	— ghiveci cu carne	— givetʃi ku karne
I want some:	Vreau nişte:	vreau níshte:
— chips	— cartofi pai	— kartofi pai
— boiled potatoes	— cartofi fierţi	— kartofi fiertsi
— mashed potatoes	— pireu de cartofi	— pireu de kartofi
I think I could manage another helping of:	Aş mai lua o porţie de:	ash mai lwa o portsie de:
— sturgeon	— nisetru	— nisetru
— oysters	— stridii	— stridii
— carp	— crap	— krap
— herring	— hering	— hering
— lobster	— homar	— homar
— trout	— păstrăv	— pɜstrɜv
— smoked fish	— peşte afumat	— peshte afumat
How do yo like your roast beef?	Cum vă place rosbiful?	kum vɜ platʃe rosbiful?
I like my roast beef slighty underdone/ well done.	Îmi place rosbiful în sînge/bine fript.	ími platʃe rosbiful în síndʒe/bine fript.
What's the next course?	Ce mai luăm?	tʃe mai lwɜm?
Shall I help you to ...?	Să vă servesc ...?	sɜ vɜ servesk ...?
— grilled pork	— porc la grătar	— pork la grɜtar
— stew (goulash)	— tocană	— tokanɜ

— rice pudding	— budincă de orez	— bud*i*nk**ɔ** de or*e*z
This dish is served up with vegetables: potatoes, green peas, carrots, beans or cabbage.	Această mîncare se serveşte cu legume: cartofi, mazăre, morcovi, fasole sau varză.	atʃast**ɔ** mînk*a*re se serveshte ku leg*u*me: kart*o*fi, maz**ɔ**re, morkovi, fas*o*le sau varz**ɔ**.
Can I have some white/brown bread?	Îmi puteţi da nişte pîine albă/neagră?	*i*mi put*e*tsi da n*i*shte þ*i*ine alb**ɔ**/neagr**ɔ**?
May I have a glass of ...?	Îmi puteţi da un pahar de ...?	*i*mi put*e*tsi da un pah*a*r de ... ?
— water	— apă	— ap**ɔ**
—mineral water	— apă minerală	— ap**ɔ** mineral**ɔ**
— soda	— sifon	— sif*o*n
Would you care for some more... ?	Mai doriţi (luaţi) ...?	mai dor*i*tsi (lw*a*tsi) ...?
No, thank you.	Nu, mulţumesc.	nu, multsum*e*sk.
Yes, thank you.	Da, multumesc.	da, multsum*e*sk.
Sometimes I finish up with cheese and biscuits and coffee.	Uneori eu închei masa cu brînză, biscuiţi şi cafea.	uneori jeu înk*e*i m*a*sa ku br*i*nz**ɔ**, bisku*i*tsi shi kafe*a*.
Help yourself to some:	Serviţi-vă cu:	serv*i*tsiv**ɔ** ku:
— plums	— prune	— pr*u*ne
— pears	— pere	— p*e*re
— apples	— mere	— m*e*re
— apricots	— caise	— k*a*ise
— peaches	— piersici	— piersitʃi
— melon	— pepene (galben)	— p*e*pene (g*a*lben)
— raspberries	— zmeură	— zm*e*ur**ɔ**
— strawberries	— fragi/căpşuni	— fradʒi/k**ɔ**psh*u*ni
— grapes	— struguri	— str*u*guri
— oranges	— portocale	— portok*a*le
—. pineapple	— ananas	— an*a*nas
— bananas	— banane	— ban*a*ne
How do you like it?	Cum vă place?	kum v**ɔ** plat*ʃ*e?
I enjoyed it immensely.	Mi-a plăcut foarte mult.	mja pl**ɔ**k*u*t fw*a*rte mult.
I'm glad it's to your taste (you enjoy it).	Îmi pare bine că vă place.	*i*mi p*a*re b*i*ne k**ɔ** v**ɔ** plat*ʃ*e.
What can you give me for dessert?	Ce-mi puteţi da ca desert?	t*ʃ*emi put*e*tsi da ka des*e*rt?
You can have:	Puteţi lua:	put*e*tsi lwa:
— cake	— prăjitură	— pr**ɔ**ʒit*u*r**ɔ**
— cheese pie	— plăcintă cu brînză	— pl**ɔ**t*ʃ*int**ɔ** ku br*i*nz**ɔ**
— pan cakes	— clătite	— kl**ɔ**t*i*te

— apple pie	— tartă cu mere	— tartə ku mere
— pie	— pateu	— pateu
— sweets	— bomboane	— bombwane
— stewed fruit	— compot	— kompot
— fruit salad	— salată de fructe	— salatə de frukte
— ice-cream	— înghețată	— îngetsatə
— chocolate ice	— înghețată de ciocolată	— îngestatə de tʃokolatə
— vanilla ice	— înghețată de vanilie	— îngetsatə de vanilie
— mixed ice	— înghețată asortată	— îngetsatə asortatə
— biscuits	— biscuiți	— biskuitsi

I'm not much of a drinker — Eu nu prea beau (mie nu-mi place băutura). — jeu nu prea beau (mie numi platʃe bəuturə).

Do you have any soft drinks? — Aveți băuturi nealcoolice (răcoritoare)? — avetsi bəuturi nealkolitʃe (rəkoritware)?

We only have strong drinks. — Ținem numai băuturi alcoolice: — tsinem numai bəuturi alkolitʃe:

— liqueur	— lichior	— likior
— vermouth	— vermut	— vermut
— cognac	— coniac	— koniak
— champagne	— șampanie	— shampanie
— plum brandy	— țuică	— tsuikə
— gin	— gin	— dʒin
— whisky	— whisky	— uiski
— white wine	— vin alb	— vin alb
— red wine	— vin roșu	— vin roshu
— table (dinner) wine	— vin de masă	— vin de masə
— sweet wine	— vin dulce	— vin dultʃe
— dry wine	— vin sec	— vin sek
— sparkling wine	— vin spumos	— vin spumos
— old wine	— vin vechi	— vin veki

Have another glass of beer. — Mai luați un pahar de bere. — mai lwatsi un pahar de bere.

I like my wine: — Eu beau vinul: — jeu beau vinul:

— neat	— fără sifon	— fərə sifon
— with soda	— cu sifon	— ku sifon

May I fill your glass again? — Pot să vă mai torn un pahar? — pot sə və mai torn un pahar?

Just a little, please. — Numai puțin, vă rog. — numai putsin, və rog.

May I have just a little to taste? — Pot să iau puțin să gust? — pot sə jau putsin sə gust?

Here's to you! Cheers! — În sănătatea dumneavoastră! Noroc! — în sənətatea dumreavwastrə! norok!

65

| We had a light meal on our way. | Am luat o gustare pe drum. | am lwat o gustare pe drum. |

We had a light meal on our way.	Am luat o gustare pe drum.	am lwat o gustare pe drum.
We're going on a trip and we'd like some packed food.	Mergem într-o excursie şi am dori mîncare la pachet.	merdʒem întro ekskursie shi am dori mînkare la paket.
Do you have a nap after lunch?	După masă dormiţi puţin?	dupə masə dormitsi putsin?
Some people do, but I don't.	Unii dorm, dar eu nu (dorm).	unii dorm, dar jeu nu (dorm).
Romanian cooking caters for all tastes.	Bucătăria românească satisface toate gusturile.	bukətəria romîneaskə satisfatʃe twate gusturile.

GETTING ABOUT TOWN

ÎN ORAŞ

în orash

Asking one's Way

Cum ne orientăm

kum ne orientəm

Excuse me, Sir/Madam, could you tell me how to get to the British Embassy?	Scuzaţi-mă, domnule/doamnă, mi-aţi putea spune cum ajung la ambasada britanică?	skuzatsimə domnule/dwamnə, miatsi putea spune kum aʒung la ambasada britanikə?
Am I right for Calea Victoriei?	Acesta este drumul spre Calea Victoriei?	atʃesta jeste drumul spre kalea viktoriei?
Would you mind telling me the way?	Sînteţi amabil să-mi spuneţi drumul?	sîntetsi amabil səmi spunetsi drumul?
Could you direct me to ...?	M-aţi putea îndruma spre ...?	matsi putea îndruma spre ...?
— the nearest hotel	— hotelul cel mai apropiat	— hotelul tʃel mai apropiat
— the post office	— oficiul poştal	— ofitʃul poshtal
— a department store	— un magazin universal	— un magazin universal
— a travel agency	— o agenţie de voiaj	— o adʒentsie de voiaʒ
I've lost my way.	M-am rătăcit.	mam rətətʃit.
Could you put me right?	M-aţi putea îndruma?	matsi putea îndruma?
You're going in the wrong direction.	Aţi luat-o în direcţie greşită.	atsi lwato în direktsie greshitə.
I will show you the way.	Am să vă arăt drumul.	am sə və arət drumul.

I'm afraid, I've no idea.	Regret, nu ştiu. Nici eu	regret, nu shtiu, nitʃi
I'm a stranger here myself.	nu sînt de pe aici.	jeu nu sînt de pe aitʃi.
I really can't tell you for certain.	Nu v-aş putea spune precis.	nu vash putea spune pretʃis.
Would you mind asking the militiaman over there?	Vreţi să-l întrebaţi pe miliţianul acela?	vretsi sɔl întrebatsi pe militsianul atʃela?
Keep straight on and then take the first turning to the right.	Mergeţi drept înainte, apoi luaţi-o pe prima stradă la dreapta.	merdʒetsi drept înainte, apoi lwatsio pe prima stradɔ la dreapta.
Ask your way again there.	Mai întrebaţi pe cineva acolo.	mai întrebatsi pe tʃineva akolo.
How far is it from here to ...?	Cît (ce distanţă) este de aici pînă la ...?	kît (tʃe distantsɔ) jeste de aitʃi pînɔ la ...?
Which is the shortest way?	Care este drumul cel mai scurt?	kare jeste drumul tʃel mai skurt?
How long will it take me to get there?	În cît timp ajung acolo?	în kît timp aʒung akolo?
That's quite a distance.	Aveţi de mers o bucată bună.	avetsi de mers o bukatɔ bunɔ.
It's a very long way from here.	Este foarte departe de aici.	jeste fwarte departe de aitʃi.
It's over three km., I think.	Cred că sînt mai bine de trei kilometri.	kred kɔ sînt mai bine de trei kilometri.
Hadn't I better take a bus?	N-ar fi mai bine să iau un autobuz?	nar fi mai bine sɔ jau un autobuz?
You'd better go there by bus.	Ar fi mai bine să luaţi autobuzul.	ar fi mai bine sɔ lwatsi autobuzul.
What bus must I take?	Ce autobuz trebuie să iau?	tʃe autobuz trebuje sɔ jau?
Number 32 bus will take you right to the railway station.	Autobuzul 32 vă duce direct la gară.	autobuzul treizetʃi shi doi vɔ dutʃe direkt la garɔ.
Let me show you the way to the bus stop.	Să vă arăt drumul pînă la staţia de autobuz.	sɔ vɔ arɔt drumul pînɔ la statsia de autobuz.
Go across the road and turn left.	Traversaţi strada şi luaţi-o la stînga.	traversatsi strada shi lwatsio la stînga.
At the next crossroads turn to the right.	La următoarea intersecţie luaţi-o la dreapta.	la urmɔtwarea intersektsie lwatsio la dreapta.
Go in the opposite direction.	Luaţi-o în direcţia opusă.	lwatsio în direktsia opusɔ.

67

I'm looking for 10, Bulevardul Magheru.	Caut numărul 10 din Bulevardul Magheru.	kaut numərul zetʃe din bulevardul mageru.
Will you find it now?	O să vă descurcați?	o sə və deskurkatsi?
It's on the right-hand/ left-hand side.	Este pe dreapta/stînga.	jeste pe dreapta/stînga.
Please tell me the name of this street.	Spuneți-mi, vă rog, cum se numește strada aceasta.	spunetsimi, və rog, kum se numeshte strada atʃasta.
Does this road lead to Victory Square?	Drumul acesta duce în Piața Victoriei?	drumul atʃesta dutʃe în piatsa viktoriei?
Will this street bring me out on the main road?	Strada aceasta duce în șoseaua principală?	strada atʃasta dutʃe în shoseawa printʃipalə?
Is this number 5? Could you find out which number it is?	Acesta este numărul cinci? Ați putea afla ce număr este?	atʃesta jeste numərul tʃintʃi? atsi putea afla tʃe numər jeste?
I'm looking for a gentleman by the name of ... Does he live here?	Caut un domn numit.... Locuiește aici?	kaut un domn numit... lokujeshte aitʃi?
Do you know anyone called...?	Cunoașteți pe cineva care se numește ...?	kunwashtetsi pe tʃineva kare se numeshte ...?
Is this your first visit to Romania?	Aceasta este prima dumneavoastră vizită în România?	atʃasta jeste prima dumneavwastrə vizitə în romînia?
No, I've been here several times in the past five years.	Nu, am mai fost aici de cîteva ori în ultimii cinci ani.	nu, am mai fost aitʃi de kîteva ori în ultimii tʃintʃi ani.
Is there a filling (petrol) station on this road?	Este vreo stație de benzină pe drumul acesta?	jeste vreo statsie de benzinə pe drumul atʃesta?

City Transport	Transportul urban	transportul urban
Where's the bus stop, please?	Unde este stația de autobuz, vă rog?	unde jeste statsia de autobuz, və rog?
Does number 40 stop here?	Autobuzul patruzeci oprește aici?	autobuzul patruzetʃi opreshte aitʃi?
It's a request stop. Buses stop on request here.	Este o stație facultativă. Autobuzele opresc numai la cererea călătorilor.	jeste o statsie fakultativə. autobuzele opresk numai la tʃererea kələtoril ɔr.

68

English	Romanian	Pronunciation
Which bus must I take for Herăstrău Park?	Ce autobuz trebuie să iau pentru parcul Herăstrău?	tʃe autobuz trebuje sɜ jau pɛntru parkul herɜstrɜu?
You want number 31.	Luaţi autobuzul treizeci şi unu.	lwatsi autobuzul treizetʃishiunu.
Get on a number 50 bus and get off at...	Luaţi autobuzul 50 şi coborîţi la	lwatsi autobuzul tʃintʃizetʃi shi koborîtsi la ....
Where is the next bus stop?	Unde este următoarea staţie de autobuz?	unde jeste urmɜtwarea statsie de autobuz?
Tell me where to change, please.	Spuneţi-mi, vă rog, unde trebuie să schimb.	spunetsimi, vɜ rog, unde trebuje .sɜ skimb.
How often do buses run from here?	Cît de des pleacă autobuzele de aici?	kît de des pleakɜ autobuzele de aitʃi?
Are there no trams running here?	Pe aici nu circulă tramvaie?	pe aitʃi nu tʃirkulɜ tramvaje?
You can best get there by trolley-bus.	Puteţi ajunge acolo cel mai bine cu troleibuzul.	putetsi aʒundʒe akolo tʃel mai bine ku troleibuzul.
Now, there's your bus/tram coming.	Iată că vă vine autobuzul/tramvaiul.	jatɜ kɜ vɜ vine autobuzul/tramvajul.
Have your change ready.	Pregătiţi mărunţişul.	pregɜtitsi mɜruntsishul.
How far do you go?	Pînă unde mergeţi?	pînɜ unde merdʒetsi?
I go as far as it goes. (I go to the terminal.)	Eu merg pînă la capăt.	jeu merg pînɜ la kapɜt.
We must get off at the last stop but one.	Trebuie să coborîm la penultima staţie.	trebuje sɜ koborîm la penultima statsie.
What's the fare to...?	Cît costă biletul pînă la ...?	kît kostɜ biletul pînɜ la ...?
Fares, please! Any more fares, please?	Taxa, vă rog! Mai este cineva fără bilet?	taksa, vɜ rog! mai jeste tʃineva fɜrɜ bilet?
Where are we now?	Unde sîntem acum?	unde sîntem akum?
Where must I get off, please?	Unde trebuie să cobor, vă rog?	unde trebuje sɜ kobor, vɜ rog?
This is where you get off.	Aici coborîţi.	aitʃi koborîtsi.
This is where you change to bus number fifty.	Aici schimbaţi cu autobuzul cincizeci.	aitʃi skimbatsi ku autobuzul tʃintʃizetʃi.
Is there a night service?	Există serviciu de transport noaptea?	egzistɜ servitʃu de transport nwaptea?

69

English	Romanian	Pronunciation
Yes, after midnight buses run every twenty minutes.	Da, după miezul nopţii autobuzele circulă la fiecare douăzeci de minute.	da, dupə miezul noptsii autobuzele tʃirkulə la fiekare dowəzetʃi de minute.
What's the seating capacity of this bus?	Ce număr de locuri are acest autobuz?	tʃe numər de lokuri are atʃest autobuz?
Yours is the second stop. There's only one stop in between.	Dumneavoastră coborîţi la a doua staţie. Pînă acolo mai este doar o staţie.	dumneavwastrə koborîtsi la a dowa statsie. pînə akolo mai jeste dwar o statsie.
No standing on the platform.	Nu staţi pe platformă.	nu statsi pe platformə.
We must hurry. Let's take a taxi.	Trebuie să ne grăbim. Să luăm un taxi.	trebuje sə ne grəbim. sə lwəm un taksi.
Call for a taxi, please.	Chemaţi, vă rog, un taxi.	kematsi, və rog, un taksi.
Over there is a taxi rank.	Acolo este o staţie de taximetre.	akolo jeste o statsie de taksimetre.
Are you engaged/free?	Sînteţi ocupat/liber?	sîntetsi okupat/liber?
Step in! I'll take care of your luggage.	Urcaţi. Mă ocup eu de bagaj.	urkatsi. mə okup jeu de bagaʒ.
Put it beside the driver.	Puneţi-l lîngă şofer.	punetsil lîngə shofer.
Yes, sir. Where to?	Da, domnule. Unde să vă duc?	da, domnule. unde sə və duk?
To North Station, please.	La Gara de nord, te rog.	la gara de nord, te rog.
Go faster, please. I'm in a hurry.	Mai repede, te rog. Mă grăbesc.	mai repede, te rog. mə grəbesk.
Stop here!	Opreşte aici!	opreshte aitʃi!
Wait here!	Aşteaptă aici!	ashteaptə aitʃi!
I'll be back in a moment.	Mă întorc imediat.	mə întork imediat.
What's the fare, please?	Care este tariful? (Cît face?)	kare jeste tariful? (kît fatʃe?)
Just let me see what the metre says.	Să văd cît indică aparatul de taxare.	sə vəd kît indikə aparatul de taksare.

Seeing the Sights / Vizitarea oraşului / vizitarea orashului

English	Romanian	Pronunciation
I'd like to see the sights.	Aş vrea să vizitez oraşul.	ash vrea sə vizitez orashul.

70

I haven't done much sightseeing. I have only arrived this morning.	Nu am văzut prea multe. Am sosit abia azi dimineață.	nu am vazut prea multe. am sosit abia azi dimineatsə.
How do you like our town?	Cum vă place orașul nostru?	kum və platʃe orashul nostru?
I like it very much, particularly Bucharest's parks and museums.	Îmi place foarte mult, îndeosebi parcurile și muzeele din București.	îmi platʃe fwarte mult, îndeosebi parkurile shi muzeele din bukureshti.
I should like to see the sights of Bucharest.	Aș vrea să vizitez Bucureștiul.	ash vrea sə vizitez bukureshtiul.
Is there anything you are particularly interested in?	Vă interesează ceva în mod deosebit?	və intereseazə tʃeva în mod deosebit?
Yes, I'm rather keen on:	Da, mă atrag în special:	da, mə atrag în spetʃial:
— historical monuments	— monumentele istorice	— monumentele istoritʃe
— exhibitions	— expozițiile	— ekspozitsiile
— museums	— muzeele	— muzeele
— art galleries	— galeriile de artă	— galeriile de artə
I want to look round Bucharest's department stores.	Vreau să dau o raită prin magazinele din București.	vreau sə dau o raitə prin magazinele din bukureshti.
What do you think I ought to see?	Ce credeți că ar trebui să văd?	tʃe kredetsi kə ar trebui sə vəd?
Well, I suggest a sightseeing tour of the city first.	Vă propun să faceți mai întîi turul orașului.	və propun sə fatʃetsi mai întîi turul orashului.
What does the tour start with?	Cu ce începe turul orașului?	ku tʃe întʃepe turul orashului?
How long does the tour take?	Cît durează turul orașului?	kît dureazə turul orashului?
Do you want me to show you round?	Vreți să vă arăt orașul?	vretsi sə və arət orashul?
I'll take you round the town.	Am să vă arăt orașul.	am sə və arət orashul.
That is most kind of you.	Este foarte amabil din partea dvs.	jeste fwarte amabil din partea dumneavwastrə.
Show me all the places of interest.	Arătați-mi toate obiectivele interesante.	arətatsimi twate obiektivele interesante.

Is this the main street?	Aceasta este strada principală?	atʃasta jeste strada prin-tʃipalə?
When was that building put up?	Cînd a fost construită clădirea aceea?	kînd a fost konstruitə klədirea atʃeia?
When can I visit...?	Cînd pot vizita...?	kînd pot vizita...?
— the Village Museum	— Muzeul satului	— muzeul satului.
— the Folk Art Museum	— Muzeul de artă populară	— muzeul de artə popularə
— the National Art Gallery	— Galeria națională de artă	— galeria natsionalə de artə
— some old churches	— niște biserici vechi	— nishte biseritʃi veki
Is that the museum?	Acela este muzeul?	atʃela jeste muzeul?
Will there be any guide there to show me round?	Voi găsi acolo un ghid care să mă înso-țească?	voi gəsi akolo un gid kare să mə înso-tseaskə?
Whom is this monument to?	Ce reprezintă acest mo-nument?	tʃe reprezintə atʃest mo-nument?
I would like to see... as well.	Aș vrea să văd și...	ash vrea sə vəd shi...
Is it far?	Este departe?	jeste departe?
It's only a few minutes walk.	Este la o distanță de cîteva minute pe jos.	jeste la o distantsə de kîteva minute pe zos.
We'd like to make a trip to...	Am vrea să facem o excursie la...	am vrea sə fatʃem o ekskursie la...
What interesting places are there to see out-side the town?	Ce locuri interesante se pot vizita în afara orașului?	tʃe lokuri interesante se pot vizita în afara orashului?
I'd like to visit the Bo-tanical Garden.	Aș vrea să vizitez Gră-dina botanică.	ash vrea sə vizitez grə-dina botanikə.
Is it worth visiting?	Merită să fie vizitată?	meritə sə fie vizitatə?
What is this building famous for?	Pentru ce este cunos-cută această clădire?	pentru tʃe jeste kunos-kutə atʃastə klədire?
I like/do not like the architecture of this building.	Îmi place/nu îmi place arhitectura acestei clădiri.	îmi platʃe/nu îmi platʃe arhitektura atʃestei klədiri.
Are there any medieval sites in this area?	Este vreo localitate medievală în această regiune?	jeste vreo lokalitate me-dievalə în atʃastə re-dʒiune?
You get a marvellous view of Bucharest from the top of the building.	De pe terasa acestei clădiri ai o panoramă admirabilă a Bucu-reștiului.	de pe terasa atʃestei klədiri ai o panoramə admirabilə a buku-reshtiului.

72

What other interesting places are there to see in the town?	Ce alte locuri interesante mai sînt de văzut în oraș?	tʃe alte lokuri interesante mai sînt de vəzut în orash?
Would you like to join us on a sightseeing tour round the town?	Ați vrea să veniți cu noi într-un tur al orașului?	atsi vrea sə venitsi ku noi întrun tur al orashului?
The sightseeing coach leaves from...	Autocarul pleacă de la...	autokarul pleakə de la...
I prefer walking about by myself.	Prefer să merg singur pe jos.	prefer sə merg singur pe ʒos.
I'll spend at least a week of my stay sight-seeing.	Îmi voi petrece cel puțin o săptămînă pentru a vizita orașul.	îmi voi petretʃe tʃel putsin o səptəmînə pentru a vizita orashul.

Notices, Signs — Indicatoare, semne — indikatware, semne

Caution/Danger!	Atenție!	atentsie!
Stop!	Stop!	stop!
Pedestrian crossing.	Trecere pietoni.	tretʃere pietoni.
Taxi rank.	Stație taxi.	statsie taksi.
Entrance.	Intrare.	intrare.
Exit (Wayout).	Ieșire.	jeshire.
Emergency exit.	Ieșire în caz de pericol.	jeshire în kaz de perikol.
Booking office.	Casa de bilete.	kasa de bilete.
Travel agency.	Agenție de voiaj.	adʒentsie de voiaʒ.
Inquiry office.	Birou de informații.	birou de informatsii.
No smoking!	Fumatul interzis!	fumatul interzis!
No parking!	Parcarea interzisă!	parkarea interzisə!
Parking.	Loc de parcare.	lok de parkare.
Keep your city tidy.	Păstrați curățenia orașului.	pəstratsi kurətsenia orashului.
Keep off the grass!	Nu călcați pe iarbă!	nu kəlkatsi pe jarbə!
Keep right/left.	Ține dreapta/stînga.	tsine dreapta/stînga.
One way.	Sens unic.	sens unik.
Roundabout.	Sens giratoriu.	sens dʒiratoriu.
No thoroughfare.	Circulația interzisă.	tʃirkulatsia interzisə.
Overtake only on the right.	Depășire numai pe dreapta.	depəshire numai pe dreapta.
No overtaking.	Depășirea interzisă.	depəshirea interzisə.
Do not wander from lane to lane.	Nu depășiți culoarele de circulație.	nu depəshitsi kulwarele de tʃirkulatsie.

73

English	Romanian	Pronunciation
Keep within the lane markings.	Circulaţi numai între culoarele marcate.	tʃirkulatsi numai íntre kulwarele markate.
No admittance except on business.	Intrarea particularilor interzisă.	intrarea partikularilor interzisə.
Guard against all risk of fire.	A se feri de foc.	a se feri de fok.
Dangerous! High voltage cables.	Pericol de moarte! Cablu de înaltă tensiune.	perikol de mwarte! kablu de ínaltə tensiune.
Please shut this gate.	Rugăm închideţi poarta.	rugəm ínkidetsi pwarta.
Wet paint.	Proaspăt vopsit.	prwaspət vopsit.
Leave no litter.	Nu faceţi murdărie.	nu fatʃetsi murdərie.
You have been warned. Keep out.	Atenţiune! Intrarea interzisă.	atentsiune! intrarea interzisə.
Caution! Men working overhead.	Atenţie! Se lucrează deasupra.	atentsie! se lukreazə deasupra.
Road works ahead.	Şantier în lucru.	shantier ín lukru.
Road repairs in progress.	Drum în reparaţie.	drum ín reparatsie.
Protect wild plants and trees.	Nu distrugeţi plantele şi copacii.	nu distrudʒetsi plantele shi kopatʃii.
Bathing is dangerous.	Pericol de înec.	perikol de ínek.
Beware of the train!	Atenţie la tren!	atentsie la tren!
First Aid.	Prim ajutor.	prim aʒutor.
Notice.	Înştiinţare.	ínshtiintsare.
On sale.	De vînzare.	de vínzare.

At the Post-Office — La oficiul poştal — la ofitʃul poshtal

English	Romanian	Pronunciation
I want to send this letter off.	Vreau să expediez această scrisoare.	vreau sə ekspediez atʃastə skrisware.
How do I get to the post-office?	Cum ajung la oficiul poştal?	kum aʒung la ofitʃul poshtal?
When is the post-office open?	Cînd este deschis oficiul poştal?	kínd jeste deskis ofitʃul poshtal?
By the way, do you know what the postage is on a letter to England?	Apropo, ştiţi cît costă timbrele pentru o scrisoare în Anglia?	apropo, shtitsi kít kostə timbrele pentru o skrisware ín anglia?
Could you post these letters for me?	Mi-aţi putea pune aceste scrisori la cutie?	miatsi putea pune atʃeste skrisori la kutie?

74

When will the mail be collected? (What's the next time for collection?)	La ce ȯră se ridică corespondența?	la tʃe orᴣ se ridikᴣ korespondentsa?
What stamps do I need for an ordinary letter/ airmail letter to...?	Ce timbre trebuie pentru o scrisoare simplă/par avion în...?	tʃe timbre trᴇbuje pentru o skrisware simplᴣ/par avion în...?
How much is a postcard to the USA?	Cît costă o carte poştală pînă în Statele Unite?	kît kostᴣ o karte poshtalᴣ pînᴣ în statele unite?
What's the postage for printed matter?	Care este taxa poştală pentru imprimate?	kare jeste taksa poshtalᴣ pentrŭ imprimate?
Please give me:	Daţi-mi, vă rog:	datsimi, vᴣ rog:
— a telegram form	— un formular de telegramă	— un formular de telegramᴣ
— a money order form	— un mandat	— un mandat
How much is a word?	Cît costă cuvîntul?	kît kostᴣ kuvîntul?
Will it reach the address today?	Va ajunge la destinaţie astăzi?	va aʒundʒe la destinatsie astᴣzi?
I want to send a reply-paid telegram.	Vreau să trimit o telegramă cu răspuns plătit.	vreau sᴣ trimit o telegramᴣ ku rᴣspuns plᴣtit.
Where does one hand in/receive parcels?	Unde se expediază/primesc coletele?	unde se ekspediazᴣ/primesk koletele?
Is this a letter with notification of delivery?	Aceasta este o scrisoare cu confirmare de primire?	atʃasta jeste o skrisware ku konfirmare de primire?
I want this letter registered.	Vreau să expediez această scrisoare recomandată.	vreau sᴣ ekspediez atʃastᴣ skrisware rekomandatᴣ.
Will you kindly fill in this form in block letters?	Completaţi, vă rog, acest formular cu litere de tipar.	kompletatsi, vᴣ rog, atʃest formular ku litere de tipar.
Where's the parcel counter?	Unde este ghişeul pentru colete?	unde jeste gisheul pentru kolete?
Will you send this parcel by post?	Vreţi să expediaţi acest colet prin poştă?	vretsi sᴣ ekspediatsi atʃest kolet prin poshtᴣ?
Could you, please, weigh it for me?	Vreţi, vă rog, să mi-l cîntăriţi?	vretsi, vᴣ rog, sᴣ mil kîntᴣritsi?
I hope it is not overweight.	Sper că nu depăşeşte greutatea.	sper kᴣ nu depᴣsheshte greutatea.

Do you want to have it insured?	Vreţi sa-l asiguraţi?	vretsi sɔl asiguratsi?
Yes, please.	Da, vă rog.	da, vɔ rog.
I'd like my mail to be forwarded to this address.	Aş vrea să-mi expediaţi corespondenţa la adresa aceasta.	ash vrea sɔmi ekspediatsi korespondentsa la adresa atʃasta.

Speaking on the Phone — Convorbire telefonică — konvorbire telefonikɔ

I have to make a telephone call.	Trebuie să dau un telefon.	trebuje sɔ dau un telefon.
Please, may I use your telephone?	Vă rog, pot să folosesc telefonul dvs.?	vɔ rog, pot sɔ folosesk telefonul dumneavwastrɔ?
I'm sorry, the telephone is out of order.	Îmi pare rău, telefonul este defect.	ími pare rɔu, telefonul jeste defekt.
You'll have to use a public telephone.	Va trebui să vorbiţi de la un telefon public.	va trebui sɔ vorbítsi de la un telefon publik.
Where's the nearest (telephone) call-box?	Unde se află telefonul public cel mai apropiat?	unde se aflɔ telefonul publik tʃel mai apropiat?
Have you got the telephone number? You'd better look it up to make sure.	Aveţi numărul de telefon? Mai bine uitaţi-vă în carte ca să fiţi sigur.	avetsi numɔrul de telefon? Mai bíne uitatsivɔ în karte ka sɔ fítsi sigur.
I can't find it. It doesn't seem to be in the directory.	Nu-l găsesc. Se pare că nu este în carte.	nul gɔsesk. se pare kɔ nu jeste în karte.
Let's ring "Directory Inquiry".	Să chemăm (sunăm) „Informaţiile".	sɔ kemɔm (sunɔm) informatsiile.
Could you make that call for me?	Aţi putea să telefonaţi dumneavoastră pentru mine?	atsi putea sɔ telefonatsi dumneavwastrɔ pɔntru míne?
Hello, can I speak to Mr...?	Alo, pot să vorbesc cu domnul...?	alo, pot sɔ vorbesk ku domnul...?
Who shall I say is calling?	Cine să-i spun că-l caută?	tʃíne sɔi spun kɔl kautɔ?
Don't forget to drop a coin in the slot.	Nu uitaţi să introduceţi o monedă în aparat.	nu uitatsi sɔ introdu-tʃetsi o monɔdɔ în aparat.
Is the line clear (free)?	Firul este liber?	fírul jeste líber?

76

No, the line is engaged.	Nu, (firul) este ocupat.	nu, (firul) jeste okupat.
It must be a mistake.	Trebuie să fie o greșeală. Mi-ați dat un număr greșit.	trebuje sɔ fie o greshalɔ, mjatsi dat un numɔr greshit.
You gave me a wrong number.		
Can you put me through to...?	Îmi puteți da legătura cu...?	ími putetsi da legɔtura ku...?
May I speak to Mr..., please?	Pot să vorbesc cu domnul..., vă rog?	pot sɔ vorbesk ku domnul..., vɔ ɪog?
Just a moment, hold the line. I'll see if Mr... is in.	Așteptați la aparat o clipă. Să văd dacă dl. ... este aici.	ashteptatsi la aparat o klipɔ. sɔ vɔd dakɔ domnul... jeste aitʃi.
You are through to... Go ahead, please.	Aveți legătura cu.... Vorbiți, vă rog.	avetsi legɔtura ku.... vorbitsi, vɔ rog.
Who's that calling? (Who's speaking?)	Cine e la aparat?	tʃine je la aparat?
This is... speaking. I'm afraid Mr... is not in. Could you call back later?	La aparat (telefon).... Domnul... nu este aici. Ați putea telefona mai tîrziu?	la aparat (telefon).... domnul... nu jeste aitʃi. atsi putea telefona mai tîrziu?
I can't hear you. Please speak louder.	Nu vă aud. Vă rog vorbiți mai tare.	nu vɔ aud. vɔ rog vorbitsi mai tare.
The phone rings but nobody answers it.	Telefonul sună, dar nu răspunde nimeni.	telefonul sunɔ, dar nu rɔspunde nimeni.
Don't cut us off/disconnect, we are still speaking.	Nu întrerupeți legătura, nu am terminat convorbirea.	nu întrerupetsi legɔtura, nu am terminat konvorbirea.
There's no reply. Wrong number!	Nu răspunde nimeni. Greșeală! (ați greșit numărul!)	nu rɔspunde nimeni. greshalɔ! (atsi greshit numɔrul!)
This number is not on this exchange.	Acest număr nu aparține de această centrală.	atʃest numɔr nu apartsine de atʃastɔ tʃentralɔ.
It's not within the local call area.	Nu este în această zonă.	nu jeste în atʃastɔ zɔnɔ.
You'll have to make a trunk call.	Va trebui să cereți o convorbire interurbană.	va trebui sɔ tʃeretsi o konvorbire interurbanɔ.
Where's the trunk call (long distance call) office?	Unde este oficiul de convorbiri internaționale?	ʊndo jeste ofitʃul de konvorbiri internatsionale?

77

I'd like to put a call through to London. (Could you book me a call through to London?)	Aş vrea sa vorbesc cu Londra.	ash vrea sə vorbesk ku londra.
They switched me to a wrong number.	Mi-au făcut legătura cu un număr greşit.	mjau fɔkut legɔtura ku un numər greshit.
Have they answered?	Au răspuns?	au rəspuns?
Dial... for emergency calls to fire/militia/ambulance.	În caz de urgenţă telefonaţi la... pentru pompieri/miliţie/salvare.	în kaz de urdʒentsə telefonatsi la... pentru pompieri/militsie/salvare.

Writing a Letter	**Corespondenţă**	korespondentsɔ
Has the postman delivered the letters?	A adus poştaşul scrisorile?	a adus poshtashul skrisorile?
Have you any letter for me?	Aveţi vreo scrisoare pentru mine?	avetsi vreo skriswære pentru mine?
I had a letter by the morning post yesterday.	Ieri am primit o scrisoare cu poşta de dimineaţă.	jeri am primit o skriswære ku poshta de dimineatsɔ.
Did you have a letter from your friend?	Aţi primit o scrisoare de la prietenul dvs.?	atsi primit o skriswære de la prietenul dumneavwastrɔ?
I want to reply to his letter.	Vreau să-i răspund la scrisoare.	vreau sɔi rɔspund la skriswære.
How does one start a letter in Romanian?	Cum se începe o scrisoare în româneşte?	kum se întʃepe o skriswære în romîneshte?
How do I address people in letters?	Cum ne adresăm în scris?	kum ne adresəm în skris?
Dear Madam	Stimată doamnă	stimatə dwamnə
Dear Sir/Sirs	Stimate domn/stimaţi domni	stimate domn/stimatsi domni
Dear Mr...	Dragă domnule...	dragə domnule...
Dear Mrs...	Dragă doamnă...	dragə dwamnə...
Dear Miss...	Dragă domnişoară...	dragə domnishwarə...
What are the usual endings for a letter?	Cum se încheie de obicei o scrisoare?	kum se înkeje de obitʃei o skriswære?
Yours sincerely	Al dumneavoastră sincer	al dumneavwastrə sîntʃer

Yours faithfully (truly)	Al dumneavoastră cu respect	al dumneavwastrə ku respekt
"With love from..." is often used between friends and relations.	,,cu drag(oste)" este adesea folosit între prieteni şi rude.	,,ku drag(oste)" jeste adesea folosit între prieteni shi rude.
Best wishes.	Cele mai bune urări.	tʃele mai bune urəri.
Don't forget to date/ sign your letter.	Nu uitaţi să puneţi data/să semnaţi scrisoarea.	nu uitatsi sə punetsi data/să semnatsi skriswarea.
I have only the address to write.	Mai am de scris doar adresa.	mai am de skris dwar adresa.

Taking a Room — Închirierea unei camere — înkirierea unei kamere

Is it very difficult to find anywhere to stay in Bucharest?	Este greu să găseşti unde să stai în Bucureşti?	jeste greu sə gəseshti unde sə stai în bukureshti?
Could you recommend me a boarding house?	Mi-aţi putea recomanda o pensiune?	miatsi putea rekomanda o pensiune?
How long are you going to stay in Bucharest?	Cît intenţionaţi să staţi în Bucureşti?	kît intentsionatsi sə statsi în bukureshti?
I think at least one month.	Cred că cel puţin o lună.	kred kə tʃel putsin o lunə.
Have you any rooms to let?	Aveţi camere de închiriat?	avetsi kamere de înkiriat?
I've come to look at the room you have to let.	Am venit să văd camera pe care o aveţi de închiriat.	am venit sə vəd kamera pe kare o avetsi de înkiriat.
Could I see the room?	Pot să văd camera?	pot sə vəd kamera?
Where is the bathroom?	Unde este baia?	unde jeste baja?
I've just learnt that the room has already been taken.	Tocmai am aflat că această cameră a fost închiriată.	tokmai am aflat kə atʃastə kamerə a fost înkiriatə.
I can put you up at my house for one or two nights.	Vă pot găzdui la mine pentru o noapte sau două.	və pot gəzdui la mine pentru o nwapte sau dowə.
It's so kind of you to let me stay the night.	Este foarte drăguţ din partea dvs. să mă găzduiţi o noapte.	jeste fwarte drəguts din partea dumneavwastrə sə mə gəzduitsi o nwapte.
How much do you ask for this furnished room?	Cît luaţi pe această cameră mobilată?	kît lwatsi pe atʃastə kamerə mobilatə?

79

I want to take it by the week.	Vreau s-o închiriez cu săptămîna.	vreau so înkiriez ku sɔptɔmîna.
Does this price include electricity/cleaning?	Acest preţ acoperă şi consumul de energie electrică/curăţenia?	atʃest prets akoperɔ shi konsumul de enerdʒie elektrikɔ/kurɔtsenia?
Do you provide meals as well?	Asiguraţi şi masa?	asiguratsi shi masa?
There are cooking facilities in the room.	Se poate găti în cameră.	se pwate gɔti în kamerɔ.
I like this room. It's comfortable and quiet.	Îmi place această cameră. Este confortabilă şi liniştită.	îmi platʃe atʃastɔ kamerɔ. jeste konfortabilɔ shi linishtitɔ.
I think this room will suit me all right.	Camera acesta îmi convine.	kamera atʃasta îmi konvine.
You can either have full board or just bed and breakfast.	Puteţi avea pensiune completă sau numai cazare şi micul dejun.	putetsi avea pensiune kompletɔ sau numai kazare shi mikul deʒun.
I should like to have just bed and breakfast, because I'm going to have my meals out.	Aş dori numai cazare şi micul dejun deoarece voi lua masa în oraş.	ash dori numai kazare shi mikul deʒun dewaretʃe voi lwa masa în orash.
I shall want the room today.	Vreau camera astăzi.	vreau kamera astɔzi.
When can I come in?	Cînd mă pot muta?	kînd mɔ pot muta?
You may come in any time you like.	Puteţi să vă mutaţi cînd doriţi.	putetsi sɔ vɔ mutatsi kînd doritsi.

SHOPPING ÎN MAGAZINE în magazine

General Expressions Expresii generale ekspresii dʒenerale

Do you want to go shopping?	Vreţi să faceţi cumpărături?	vretsi sɔ fatʃetsi kumpɔrɔturi?
I have got some shopping to do.	Am de făcut nişte cumpărături.	am de fɔkut nishte kumpɔrɔturi.
I must buy a lot of things.	Trebuie să cumpăr o mulţime de lucruri.	trebuje sɔ kumpɔr o multsime de lukruri.

80

You'd better make up (draw up) a list of the things you need.	Ar fi bine să faceți o listă cu lucrurile de care aveți nevoie.	ar fi bine sə fatʃetsi o listə ku lukrurile de kare avetsi nevoje.
What do you want to buy?	Ce vreți să cumpărați?	tʃe vretsi sə kumpəratsi?
I want to buy some presents for my friends.	Vreau să cumpăr niște cadouri pentru prietenii mei.	vreau sə kumpər nishte kadouri pentru prietenii mei.
Let's do some window-shopping first.	Hai mai întîi să ne uităm la vitrine.	hai mai întîi sə ne uitəm la vitrine.
This looks like a good shop.	Acesta pare să fie un magazin bun.	atʃesta pare sə fie un magazin bun.
Well, let's go in.	Să intrăm.	sə intrəm.
What can I do for you? (Can I help you?)	Cu ce vă putem servi?	ku tʃe və putem servi?
Are you being attended to?	Sînteți servit(ă)?	sîntetsi servit(ə)?
I'll attend to you in a moment.	Mă ocup de dvs. într-o clipă.	mə okup de dumneavwastrə într-o klipə.
Do you keep/sell any gloves?	Țineți/vindeți mănuși?	tsinetsi/vindetsi mənushi?
Unfortunately they are out of stock.	Din păcate, am epuizat stocul.	din pəkate, am epuizat stokul.
Sorry, we are short of them at the moment.	Regret, ne lipsesc (din stoc) deocamdată.	regret, ne lipsesk (din stok) deokamdatə.
I would like some poplin/nylon shirts.	Aș dori să cumpăr niște cămăși de poplin/de nailon.	ash dori sə kumpər nishte kəmashi de poplin/de nailon.
What size, please?	Ce măsură, vă rog?	tʃe məsurə, və rog?
Thirty six centimetres neck.	Treizeci și șase cm la guler.	treizetʃi shi shase tʃentimetri la guler.
Can you show me some of your patterns?	Îmi puteți arăta cîteva modele?	îmi putetsi arəta kîteva modele?
I'd like to buy some terylene.	Aș dori să cumpăr niște tergal.	ash dori sə kumpər nishte tergal.
I was thinking of something like this.	Caut ceva cam în felul acesta.	kaut tʃeva kam în felul atʃesta.
How much is it the metre?	Cît costă metrul?	kît kostə metrul?
How much would you like?	Cîți metri doriți?	kîtsi metri doritsi?

English	Romanian	Pronunciation
This one will do, I think.	Cred că aceasta merge (se potrivește).	kred kə atʃasta merdʒe (se potriveʃhte).
Will you, please, show me some overcoats?	Vă rog să-mi arătați niște pardesie.	və rog səmi arətatsi niʃhte pardesie.
Have you got this in a smaller/bigger size?	Aveți o măsură mai mică/mai mare?	avetsi o məsurə mai mikə/mai mare?
I'll take this (one).	O iau pe aceasta.	o jau pe atʃasta.
This is very cheap/ rather expensive.	Acesta este foarte ieftin/cam scump.	atʃesta jeste fwarte jeftin/kam skump.
What is the price of this...?	Ce preț are acest (această)...?	tʃe prets are atʃest (atʃastə)...?
What did you pay for it? (How much did it cost you?)	Cît v-a costat?	kît va kostat?
It's too much. It's not worth....	E prea mult. Nu. face...	je prea mult. nu fatʃe....
You can buy it on the HP system (hire-purchase system).	Se poate cumpăra în rate.	se pwate kumpəra în rate.
I bought it on low terms.	Am cumpărat-o în condiții avantajoase.	am kumpərato în konditsii avantaʒwase.
It was a real bargain at that price.	E un adevărat chilipir la prețul acesta.	je un adevərat kilipir la pretsul atʃesta.
Textiles have gone down.	Prețurile țesăturilor (stofelor) au scăzut.	pretsurile tsesəturilor (stofelor) au skəzut.
These articles sell very well.	Articolele acestea sînt foarte căutate.	artikolele atʃestea sînt fwarte kəutate.
Do you want to pay the money now?	Doriți să plătiți pe loc (acum)?	doritsi sə plətitsi pe lok (akum)?
I'd like to pay by cheque/to pay cash.	Aș vrea să plătesc în cecuri/numerar.	ash vrea sə plətesk în tʃekuri/numerar.
Anything else, Sir/Madam?	Mai doriți ceva, domnule/doamnă?	mai doritsi tʃeva, domnule/dwamnə?
No, thanks, that's all.	Nu, mulțumesc, aceasta este totul.	nu, multsumesk, atʃasta jeste totul.
How much is it in all?	Cît face totul?	kît fatʃe totul?
Your bill comes to...	Nota se ridică la...	nota se ridikə la....
Where's the cash-desk (pay-desk)?	Unde este casa?	unde jeste kasa?
Here's your change.	Poftiți restul.	poftitsi restul.
Shall I tie up the parcel?	Să vă leg pachetul?	sə və leg paketul?

Wrap it up for me, please.	Împachetaţi-mi-l, vă rog.	împaketatsimil, və rog.
Have you got a home-delivery service?	Aveţi serviciu de livrare la domiciliu/comisionar?	avetsi servitʃu de livrare la domitʃiliu/ komisionar?
Shall we send your purchases to your address?	Să vă trimitem cumpărăturile la domiciliu?	sə və trimitem kumpəraturile la domitʃiliu?

At a Grocer's Shop   La băcănie   la bəkənie

What can I get for you, madam?	Cu ce vă pot servi, doamnă?	ku tʃe və pot servi, dwamnə?
I want 1/4 kg of coffee, please.	Vreau un sfert de kg de cafea.	vreau un sfert de kilogram de kafea.
Then I need a packet of.	Apoi mai vreau un pachet de:	apoi mai vreau un paket de:
— tea	— ceai	— tʃai
— cocoa	— cacao	— kakao
— margarine (marge)	— margarină	— margarinə
— butter	— unt	— unt
We have packets at... and....	Avem pachete de... şi...	avem pakete de ... shi....
Which one will you take?	Pe care îl doriţi?	pe kare îl doritsi?
I'll take the best quality butter.	Iau untul de cea mai bună calitate.	jau untul de tʃa mai bunə kalitate.
Are these eggs fresh?	Ouăle acestea sînt proaspete?	owəle atʃestea sînt prwaspete?
We have just got them in.	Tocmai ne-au fost aduse.	tokmai neau fost aduse.
How many will you take, madam?	Cîte doriţi, doamnă?	kîte doritsi, dwamnə?
Half a dozen will do.	Şase mi-ajung.	shase mjaʒung.
Anything else?	Altceva?	alttʃeva?
How much is this tin of fish?	Cît costă conserva aceasta de peşte?	kît kostə konserva atʃasta de peshte?
Do you want any bacon today?	Astăzi luaţi slănină?	astəzi- lwatsi sləninə?
We've got some fine lean/fat bacon.	Avem nişte slănină slabă/grasă foarte frumoasă.	avem nishte sləninə slabə/grasə fwarte frumwasə.

83

Yes, it looks lean.	Da, pare să fie slabă.	da, pare sə fie slabə.
How much a kilo is it?	Cît costă kilogramul?	kît kostə kilogramul?
Give me a kilo of this bacon.	Daţi-mi un kilogram de slănină de aceasta.	datsimi un kilogram de sləninə de atʃasta.
Can I also have some smoked/tinned fish?	Îmi puteţi da şi nişte peşte afumat/conservat?	ími putetsi da shi nıshte peshte afumat/konservat?
Would you kindly come over to the fish counter?	Sînteţi amabil(ă) să veniţi la raionul de pescărie?	sîntetsi amabil(ə) sə venitsi la rajonul de peskərie?
That will do for the moment.	Deocamdată, atît.	deokamdatə, atît.

At a Greengrocer's/ Fruiterer's

Legume şi fructe

legume shi frukte

I need some vegetables for dinner.	Îmi trebuie nişte legume pentru masa de prînz.	ími trebuje nıshte legume peɹtru masa de prînz.
A cauliflower, please, and 2 kg of tomatoes.	O conopidă, vă rog, şi două kilograme de roşii.	o konopídə, və rog, shi dowə kilograme de roshii.
Which tomatoes do you like?	Ce fel de roşii doriţi?	tʃe fel de roshii doritsi?
These are... lei a kilo.	Acestea sînt... lei kilogramul.	atʃestea sînt ... lei kilogramul.
Give me a kilogram of onions, please.	Daţi-mi un kilogram de ceapă, vă rog.	datsimi un kilogram de tʃapɔ, və rog.
I'm sorry, we have no carrots at the moment.	Îmi pare rău, nu avem morcovi deocamdată.	ími pare rəu, nu avem morkovi deokamdatə.
We're expecting some carrots any time. Do you mind dropping in later in the afternoon?	Aşteptăm să ne soseaescă morcovi din clipă în clipă. Vreţi să treceţi mai tîrziu după amiază?	ashteptəm sə ne soseaskə morkovi din klipə în klipə. Vretsi sə tretʃetsi mai tîrziu dupə amiazə?
I'd also like to buy:	Aş vrea să mai cumpăr şi:	ash vrea sə mai kumpər shi:
— pickles	— murături	— murəturi
— green peas	— mazăre verde	— mazəre verde
— beans	— fasole	— fasole
— cabbage	— varză	— varzə

— parsnip	— pastîrnac	— pəstîrnak
— asparagus	— sparanghel	— sparangel
— garlic	— usturoi	— usturoi
—spinach	— spanac	— spanak
— green pepper	— ardei gras	— ardei gras
— hot pepper	— ardei iute	— ardei jute
Two grapefruits and 4 of these bananas/oranges.	Două grapefruituri și patru banane/portocale din acestea.	dowə greipfruturi shi patru banane/portokale din atʃestea.
Not these. They are too big. Give me some smaller ones.	Nu acestea. Sînt prea mari. Dați-mi unele mai mici.	nu atʃestea. sînt prea mari. datsimi unele mai mitʃi.
Do you want anything else, madam?	Mai doriți și altceva, doamnă?	mai doritsi shi alttʃeva, dwamnə?
No, thank you. That will do all right.	Nu, mulțumesc. Aceasta este tot.	nu, multsumesk. atʃasta jeste tot.

At a Sweet-Shop

La bomonerie

la bombonerie

A large bar of chocolate at... lei.	Un baton mare de ciocolată de ... lei.	un baton mare de tʃokolatə de ... lei.
Have you got any milk/plain chocolate?	Aveți ciocolată cu lapte/simplă?	avetsi tʃokolatə ku lapte/simplə?
A quarter of a kilogram of toffees, please.	Un sfert de kilogram de caramele, vă rog.	un sfert de kilogram de karamele, və rog.
How much is this box of chocolate/large tin of biscuits?	Cît costă această cutie de ciocolată/cutie mare de biscuiți?	kît kostə atʃastə kutie de tʃokolatə/kutie mare de biskuitsi?
A packet of chewing-gum, please.	Un pachet de gumă de mestecat, vă rog.	un paket de gumə de mestekat, və rog.
Anything else? Thank you, sir.	Altceva? Vă mulțumesc, domnule,	alttʃeva? və multsumesk, domnule.

At a Shoe Shop

La magazinul de încălțăminte

la magazinul de înkəltsəminte

I want a pair of black walking shoes, please.	Vreau o pereche de pantofi negri de purtare, vă rog.	vreau o pereke de pantofi negri de purtare, və rog.
What size (do you wear), please?	Ce măsură (purtați), vă rog?	tʃe məsurə (purtatsi), və rog?

85

English	Romanian	Pronunciation
I take size... in shoes.	Port măsura... la pantofi.	port mɔsürä ... la pantofi.
I prefer shoes with pointed/broad toecaps.	Prefer pantofii cu vîrful ascuţit/lat.	prefer pantofii ku vîrful askutsit/lat.
Are these shoes handmade?	Aceşti pantofi sînt lucraţi manual?	atʃeshti pantofi sînt lukratsi manual?
I want a pair of hardwearing shoes.	Vreau o pereche de pantofi rezistenţi.	vreau o pereke de pantofi rezistentsi.
These are too heavy.	Aceştia sînt prea grei.	atʃeshtia sînt prea grei.
Show me something lighter with leather soles.	Arătaţi-mi alţii mai uşori cu talpă de piele.	arɔtatsimi altsii mai ushori ku talpɔ de pjele.
I need a pair of patent leather shoes/light dancing shoes.	Îmi trebuie o pereche de pantofi de lac/ pantofi uşori de dans.	îmi trebuje o pereke de pantofi de lak/ pantofi ushori de dans.
Have you got anything in snake skin?	Aveţi ceva din piele de şarpe?	avetsi tʃeva din pjele de sharpe?
Let me try on this pair.	Să încerc perechea aceasta.	sɔ întʃerk perekea atʃasta.
Give me a shoehorn, please.	Daţi-mi un încălţător, vă rog.	datsimi un înkɔltsɔtor, vɔ rog.
This is not my size.	Nu jeste măsura mea.	nu jeste mɔsura mea.
This pair is too large.	Perechea aceasta este prea mare pentru mine.	perekea atʃasta jeste prea mare pentru mine.
Show me another pair half a size smaller.	Arătaţi-mi o altă pereche cu jumătate de număr mai mică.	arɔtatsimi o altɔ pereke ku ʒumɔtate de nɔmɔr mai mikɔ.
Now, these are too tight. They hurt.	Aceştia sînt prea strîmţi. Mă jenează.	atʃeshtia sînt prea strîmtsi. mɔ ʒeneazɔ.
The right shoe hurts around the heel.	Pantoful drept mă jenează la călcîi.	pantoful drept mɔ ʒeneazɔ la kɔlkîi.
These shoes will stretch when you wear them.	Aceşti pantofi se întind la purtare.	atʃeshti pantofi se întind la purtare.
Could you stretch them on the last, please?	I-aţi putea întinde pe calapod, vă rog?	jatsi putea întinde pe kalapod, vɔ rog?
Does this pair fit all right?	Perechea aceasta vi se potriveşte?	perekea atʃasta vi se potriveshte?
This pair is quite comfortable.	Perechea aceasta este foarte comodă.	perekea atʃasta jeste fwarte komodɔ.
These feel quite all right.	Mă simt foarte bine în aceşti pantofi.	mɔ simt fwarte bine în atʃeshti pantofi.

| I want to keep the new pair on. | Vreau să țin pantofii noi în picioare. | vreau sɔ tsin pantofii noi în pitʃware. |
| Wrap up my old ones, please. | Împachetați-mi pe ceilalți, vă rog. | împaketatsimi pe tʃeilaltsi, vɔ rog. |

At a Bookseller's	La librărie	la librɔrie
I want to go to a bookseller's to buy some books I need very urgently.	Vreau să merg la o librărie să cumpăr niște cărți de care am foarte mare nevoie.	vreau sɔ merg la o librɔrie sɔ kumpɔr nishte kɔrtsi de kare am fwarte mare nevoje.
What can I show you, sir?	Ce vă pot arăta, domnule?	tʃe vɔ pot arɔta, domnule?
Please show me your latest publications.	Arătați-mi, vă rog, ultimele apariții.	arɔtatsimi, vɔ rog, ultimele aparitsii.
I'm looking for a guidebook of Bucharest/a map of Bucharest.	Caut un ghid al Bucureștiului/o hartă a Bucureștiului.	kaut un ghid al bukureshtiului/o hartɔ a bukureshtiului.
I'd like to buy some Romanian books.	Aș vrea să cumpăr niște cărți românești.	ash vrea sɔ kumpɔr nishte kɔrtsi romîneshti.
Do you keep...?	Aveți...?	avetsi...?
— fiction	— literatură beletristică	— literaturɔ beletristikɔ
— science fiction	— literatură științifico-fantastică	— literaturɔ shtiintsifiko fantastikɔ
— child's books	— cărți de copii	— kɔrtsi de kopii
— science books	— lucrări științifice	— lukrɔri shtiintsifitʃe
— technical books	— cărți tehnice	— kɔrtsi tehnitʃe
Is this the latest edition?	Aceasta este ultima ediție?	atʃasta jeste ultima editsie?
Can you show me some conversation books?	Îmi puteți arăta niște ghiduri de conversație?	îmi putetsi arɔta nishte giduri de konversatsie?
Is this books available in translation?	Cartea aceasta se găsește și în traducere?	kartea atʃasta se gɔseshte shi în tradutʃere?
I'll take this pocket-size edition.	Iau această ediție de buzunar.	jau atʃastɔ editsie de buzunar.
Do you want anything else?	Mai doriți si altceva?	mai doritsi shi alttʃeva?

87

An English-Romanian dictionary, please.	Un dicționar englez-român, vă rog.	un dikstionar englez romîn, və rog.
This one is too big.	Acesta este prea mare.	atʃesta jeste prea mare.
Can you give me a handy one?	Îmi puteți da unul ușor de mînuit?	îmi putetsi da unul ushor de mînuit?
The latest edition will be out this summer/ hasn't come out yet.	Noua ediție va apărea vara aceasta/nu a apărut încă.	noua editsie va apărea vara atʃasta/nu a apărut înkə.
Have you got P's latest novel?	Aveți ultimul roman de P...?	avetsi ultimul roman de P...?
I'm sorry it's out of print.	Îmi pare rău, este epuizat.	îmi pare rəu, jeste epuizat.
We have sold the last copy only this afternoon.	Am vîndut ultimul exemplar în după-amiaza aceasta.	am vîndut ultimul egzemplar în dupə amiaza atʃasta.
Shall I order it for you, sir?	Să vi-l comand, domnule?	sə vil komand, domnule?
We shall send this book to you by post.	Vă vom trimite cartea aceasta prin poștă.	və vom trimite kartea atʃasta prin poshtə.
What have you got in the way of historical novels?	Ce romane istorice aveți?	tʃe romane istoritʃe avetsi?
Here's a novel that has had quite a remarkable review in the papers.	Iată un roman care a fost foarte bine primit de critică în presă.	jatə un roman kare a fost fwarte bine primit de kritikə în presə.
You can have a paperback (paper-bound) edition.	Puteți lua o ediție broșată.	putetsi lwa o editsie broshatə.
I prefer hard cover editions.	Prefer edițiile legate.	prefer editsiile legate.
Could you give me a catalogue of the latest publications?	Îmi puteți da un catalog cu ultimele publicații?	îmi putetsi da un katalog ku ultimele publikatsii?
Do you have any cookery books?	Aveți vreo carte de bucate?	avetsi vreo karte de bukate?
Where is your department of second-hand books?	Unde este secția dvs. de anticariat?	unde jeste sektsia dumneavwastrə de antikariat?
How much is that book with a leather binding?	Cît costă cartea aceea legată în piele?	kît kostə kartea atʃeja legatə în pjele?

This is a very good translation from the French. Where has it been published?	Aceasta este o traducere foarte bună din franceză. Unde a fost publicată?	atʃasta jeste o traduʧere fwarte bunə din frantʃezə. unde a fost publikatə?

At the Stationer's

La papetărie

la papetərie

I need a pad and some envelopes.	Îmi trebuie o mapă cu plicuri.	îmi trebuje o mapə ku plikuri.
I want a refill for this eversharp.	Vreau o rezervă pentru creionul acesta cu pastă.	vreau o rezervə pentru krejonul atʃesta ku pastə.
Can I have...?	Îmi puteți da ...?	îmi putetsi da...?
— a soft/hard pencil	— un creion tare/moale	— un krejon tare/mwale
— a nib	— o peniță	— o penitsə
— a propelling pencil	— un creion automat	— un krejon automat
— some carbon paper	— niște indigo	— nishte indigo
— a note book (jotter)	— un blocnotes	— un bloknotes
— a copy book	— un caiet	— un kajet
— some note paper (writing paper)	— niște hîrtie de scris	— nishte hîrtie de skris
— some blotting paper	— niște sugativă	— nishte sugativə
Have you got any cheap fountain pens?	Aveți niște stilouri ieftine?	avetsi nishte stilouri jeftine?
How much is this silver pencil, please?	Cît costă acest creion de argint, vă rog?	kît kostə atʃest krejon de ardʒint, və rog?
Now, this one is quite cheap. It writes in four colours.	Acesta este foarte ieftin. Scrie în patru culori.	atʃesta. jeste fwarte jeftin. skrie în patru kulori.
I also need some typing paper and an eraser (rubber).	Îmi mai trebuie niște hîrtie de scris și o gumă.	îmi mai trebuje nishte hîrtie de skris shi o gumə.
I'm sorry I can't give you a diary/calendar for the coming year. We're sold out of them.	Regret că nu vă pot da o agendă/un calendar pentru anul viitor. Le-am vîndut pe toate.	regret kə nu və pot da o adʒendə/un kalendar pentru anul viitor. leam vîndut pe twate.
I'll take this ruler.	Voi lua linia aceasta.	voi lwa linia atʃasta.
Can I have a look at these...?	Pot să mă uit la aceste...?	pot sə mə uit la atʃeste...?

— water colours	— acuarele	— akwar*e*le
— postcards	— cărți poștale	— k*ə*rtsi posht*a*le
— drawing-pins	— pioneze	— pion*e*ze
— paper clips	— agrafe	— agr*a*fe

Newspapers	**Zlare**	*ziare*
I'd like to take out a subscription for a daily/for a Sunday magazine.	Aș vrea să mă abonez la un cotidian/la o revistă care apare duminica.	ash vrea s*ə* m*ə* abon*e*z la un kotidi*a*n/la o rev*i*st*ɔ* k*a*re ap*a*re dum*i*nika.
I want a morning/afternoon paper.	Doresc un ziar de dimineață/de seară.	dor*e*sk un zi*a*r de dimin*e*ats*ɔ*/de sear*ɔ*.
Can I have two copies (an extra copy) of this paper?	Îmi puteți da două ziare?	îmi put*e*tsi da d*o*w*ə* zi*a*re?
Does this magazine come out weekly/ monthly?	Această revistă apare săptămînal/lunar?	atʃ*a*st*ə* rev*i*st*ə* ap*a*re s*ə*pt*ə*mînal/lun*a*r?
I haven't read today's papers yet.	Nu am citit încă ziarele de astăzi.	nu am tʃit*i*t înk*ɔ* zi*a*rele de ast*ɔ*zi.
How much are the subscription rates for the...?	Cît costă abonamentul la...?	kît k*ɔ*st*ɔ* abonam*e*ntul la...?
How much is this paper/magazine?	Cît costă acest ziar/ această revistă?	kît k*ɔ*st*ɔ* atʃ*e*st zi*a*r/ atʃ*a*st*ə* rev*i*st*ɔ*?
What's the news?	Ce mai e nou?	tʃe mai je nou?
Has the news got in/ reached the headlines?	Știrea a apărut pe prima pagină a ziarelor?	sht*i*rea a ap*ɔ*r*u*t pe prima pad*ʒ*in*ə* a zi*a*relor?
My friend is a voracious newspaper reader.	Prietenul meu este un cititor de ziare pasionat.	prietenul meu j*e*ste un tʃit*i*tor de zi*a*re pasion*a*t.

At the Tobacconist's	**La tutungerie**	la tutund*ʒ*er*i*e
I want a packet of cigarettes.	Vreau un pachet de țigări.	vr*e*au un pak*e*t de tsig*ə*ri.
What brand do you take, sir?	Ce marcă doriți, domnule?	tʃe mark*ə* dor*i*tsi, domnule?

English	Romanian	Pronunciation
A packet of 20 of Snagov, please. Are these filter-tip cigarettes?	Un pachet de Snagov, vă rog. Sînt cu filtru?	un paket de snagov, və rog. sînt ku filtru?
Don't you like the taste of this tobacco?	Nu vă place gustul acestui tutun?	nu və platʃe gustul atʃestui tutun?
This pipe tobacco is too strong/mild.	Acest tutun de pipă este prea tare/slab.	atʃest tutun de pipə jeste prea tare/slab.
How much is this tobacco pouch, please?	Cît costă punga aceasta de tutun, vă rog?	kît kostə punga atʃasta de tutun, və rog?
I want to buy:	Vreau să cumpăr:	vreau sə kumpər:
— a cigarette lighter	— o brichetă	— o briketə
— a cigarette holder	— un portţigaret	— un porttsigaret
— a pipe cleaner	— un curăţitor de pipe	— un kurətsitor de pipe
— some oil for my lighter.	— benzină pentru brichetă.	— benzinə pentru briketə.
Give me a box of matches, please.	Daţi-mi o cutie de chibrituri, vă rog.	datsimi o kutie de kibrituri, və rog.
I've left my lighter behind.	Mi-am uitat bricheta acasă.	mjam uitat briketa akasə.
I smoke cigars.	Eu fumez ţigări de foi.	jeu fumez tsigəri de foi.
Would you give me a light, please? I want to light my cigarette.	Sînteţi amabil să-mi daţi un foc? Vreau să-mi aprind ţigara.	sîntetsi amabil səmi datsi un fok? vreau səmi aprind tsigara.

At a Department Store	La un magazin universal	la un magazin universal

Gentleman's Outfitter	*Confecţii bărbaţi*	konfektsii bərbatsi
Where is the gentleman's department, please?	Unde este raionul de confecţii pentru bărbaţi, vă rog?	unde jeste rajonul de konfektsii pentru bərbatsi, və rog?
Third floor to the right, sir.	Etajul trei la dreapta, domnule.	etaʒul trei la dreapta, domnule.
Let's go in here and see what they have got.	(Haideţi) să intrăm aici să vedem ce au.	(haidetsi) sə intrəm aitʃi sə vedem tʃe au.
May I have a closer look at these suits?	Pot să mă uit mai îndeaproape la aceste costume?	pot sə mə uit mai îndeaprwape la atʃeste kostume?
Yes, certainly.	Desigur, domnule.	desigur, domnule.

91

English	Romanian	Pronunciation
I don't like this blue shade.	Nu-mi place nuanţa aceasta de bleu.	numi platʃe nuantsa aʧasta de blǒ.
Have you got something lighter/in dark brown?	Nu aveţi ceva mai deschis/maro închis?	nu avetsi tʃeva mai deskis/maro înkis?
Ask how much it is.	Întrebaţi cît costă.	întrebatsi kît kostə.
Is there anything else I can show you?	Vă mai pot arăta ceva?	və mai pot arəta tʃeva?
I'll try to find a readymade suit that fits me.	Voi încerca să găsesc un costum de gata care mi se potriveşte.	voi întʃerka sə gəsesk un kostum de gata kare mi se potriveshte.
I want to sea a singlebreasted business suit.	Vreau să văd un costum de lucru la un rînd.	vreau sə vəd un kostum de lukru la un rînd.
Are you stock size/out size?	Purtaţi o măsură obişnuită/care depăşeşte măsurile standard?	purtatsi o məsurə obishnuitə/kare depəsheshte məsurile standard?
Will you, please, show me:	Vreţi, vă rog, să-mi arătaţi:	vretsi, və rog, səmi arətatsi:
— a jacket	— o haină	— o hainə
— a pair of trousers	— o pereche de pantaloni	— o pereke de pantaloni
— a raincoat	— o manta de ploaie	— o manta de plwaje
— a waterproof	— un fulgarin	— un fulgarin
— a raglan	— un raglan	— un raglan
— an overcoat	— un palton	— un palton
— a fur coat	— un palton îmblănit	— un palton îmblənit
— a light overcoat	— un pardesiu	— un pardesiu
May I try it on?	Pot să-l încerc?	pot səl întʃerk?
Certainly. Will you, please, come over to the dressing rooms?	Desigur. Vreţi, vă rog, să veniţi la cabinele de probă?	desigur. vretsi, və rog, sə venitsi la kabinele de probə?
It seems to fit well.	Pare să mi se potrivească.	pare sə mi se potriveaskə.
It certainly is a perfect fit.	Se potriveşte perfect.	Se potriveshte perfekt.
Do you want to take it?	Vreţi s-o (să-l) luaţi?	vretsi so (səl) lwatsi?
I haven't quite made up my mind.	Nu m-am hotărît încă.	nu mam hotərît înkə.
I shall think it over. I'll return later.	Mă mai gîndesc. Trec mai tîrziu.	mə mai gîndesk. trek mai tîrziu.

92

Ladies' Dress Department	Confecţii femei	konfektsii femei
I want to choose a nice blouse.	Vreau să aleg o bluză drăguţă.	vreau sə aleg o bluzə drəgutsə.
They also have a good collection of frocks.	Au şi un sortiment bogat de rochii.	au shi un sortiment bogat de rokii.
Oh, look! There's a fashion parade on.	Uite! Are loc o paradă a modei.	uite! are lok o paradə a modei.
This frock seems to be very smart.	Rochia aceasta pare foarte elegantă.	rokia atʃasta pare fwarte elegantə.
I want:	Vreau:	vreau:
— a coat	— un palton	— un palton
— a dress	— o rochie	— o rokie
— an evening dress	— o rochie de seară	— o rokie de searə
— a skirt	— o fustă	— o fustə
— a coat and skirt	— un taior	— un tajor
— a coat (jacket)	— o jachetă	— o zaketə
Please, show me a fashion magazine.	Arătaţi-mi, vă rog, o revistă de mode.	arətatsimi, və rog, o revistə de mode.
I'd like to see the latest men's/ladies'/children's designs.	Aş vrea să văd ultimele modele pentru bărbaţi/femei/copii.	ash vrea sə vəd ultimele modele pentru bərbatsi/femei/kopii.

Materials	Stofe	stofe
Please, show me some material for a man's/lady's suit.	Arătaţi-mi, vă rog, un material pentru un costum bărbătesc/de damă.	arətatsimi, və rog, un material pentru un kostum bərbətesk/de damə.
I'd like a lighter/darker material.	Aş dori un material mai deschis/închis.	ash dori un material mai deskis/închis.
Is this pure wool?	Acesta este de lînă pură?	atʃesta jeste de lînə purə?
How wide is it?	Ce lăţime are?	tʃe lətsime are?
How many metres do I need for ...?	Cîţi metri îmi trebuie pentru ...?	kîtsi metri îmi trebuje pentru ... ?
— a dress	— o rochie	— o rokie
— a suit	— un costum	— un kostum
— an overcoat	— un palton	— un palton
I need three metres.	Îmi trebuie trei metri.	îmi trebuje trei metri.
Have you got some other shades/patterns?	Aveţi şi alte nuanţe/modele?	avetsi shi alte nuantse/modele?

This pattern is too bright.	Modelul acesta este prea deschis.	modelul atʃesta jeste prea deskis.

Haberdashery — *Galanterie* — galanterie

I need:	Îmi trebuie:	îmi trebuje:
— a muffler	— un fular	— un fular
— braces	— bretele	— bretele
— pyjamas	— o pijama	— o piʒama
— a necktie	— o cravată	— o kravatə
— a stud	— un buton de guler	— un buton de guler
— cuff-links	— butoni de manşetă	— butoni de manshetə
— a singlet (vest)	— un maiou	— un majou
— socks	— ciorapi bărbăteşti	— tʃorapi bərbəteshti
— short pants (short-drawers)	— chiloţi bărbăteşti	— kilotsi bərbəteshti
— pants	— indispensabili	— indispensabili
— men's (gent's) underwear	— lenjerie bărbătească	— lenʒerie bərbəteaskə
— ladies'underwear	— lenjerie de damă	— lenʒerie de damə
— a slip	— un furou (combinezon)	— un furou (kombinezon)
— a petticoat (underskirt)	— un jupon	— un ʒupon
— a brassière (bra)	— un sutien	— un sutien
— panties (woman's drawers)	— chiloţi de damă	— kilotsi de damə
— a dressing gown	— un capot (neglijeu)	— un kapot (negliʒeu)
— a night gown	— o cămaşă de noapte	— o kəmashə de nwapte
— a corset/suspender-belt	— o centură/un port-jartier	— o tʃenturə/un port-ʒartier
— stockings	— ciorapi	— tʃorapi
— garters	— jartiere	— ʒartiere
How much is ...?	Cît costă ...?	kît kostə ...?
— a ribbon	— o panglică	— o panglikə
— a hairpin	— un ac de păr	— un ak de pər
— a kerchief	— un batic	— un batik
— a handkerchief	— o batistă	— o batistə
— a scarf	— o eşarfă	— o esharfə
I would like to look at some ties.	Aş vrea să văd nişte cravate.	ash vrea sə vəd nishte kravate.

94

I want one with an elegant design.	Vreau o cravată cu un model elegant.	vreau o kravatə ku un model elegant.
Something darker, please. This won't go with my suit.	Ceva mai închis, vă rog. Aceasta nu se asortează cu costumul.	tʃeva mai înkis, və rog. atʃasta nu se asorteazə ku kostumul.
How about some nice handkerchiefs?	Nu doriți niște batiste drăguțe?	nu doritsi nishte batiste drəgutse?
No, thank you. I don't need any handkerchiefs.	Nu, mulțumesc. Nu am nevoie de batiste.	nu, multsumesk. nu am nevoje de batiste.
I want a light blue nylon shirt.	Vreau o cămașă subțire de nailon albastră.	vreau o kəmashə subtsire de nailon albastrə.
I'm afraid we haven't got your size.	Mă tem că nu avem măsura dvs.	mə tem kə nu avem məsura dumneavwastrə.
Does it wash well?	Se spală bine?	se spalə bine?
I hope it won't shrink.	Sper că nu intră la spălat.	sper kə nu intrə la spəlat.
It is guaranteed that it won't shrink. (It is shrink proof.)	Este garantată, nu intră la spălat.	jeste garantatə, nu intrə la spəlat.
Will the collar keep its shape?	Gulerul își va păstra (menține) forma?	gulerul íshi va pəstra (mentsine) forma?
I want to have this shirt.	Iau această cămașă.	jau atʃastə kəmashə.
Give me a plastic hanger for the shirt, please.	Dați-mi un umeraș de plastic pentru cămașă, vă rog.	datsimi un umerash de plastik pentru kəmashə, və rog.
Would you, please, tell me what the bill comes to?	Spuneți-mi, vă rog, cît am de plată.	spunetsimi, və rog, kît am de platə.

Hats	Pălării	pələrii
Could you recommend a good hat shop?	Îmi puteți recomanda un magazin bun de pălării?	ími putetsi rekomanda un magazin bun de pələrii?
I'd like to buy: — a lady's hat — a beret — a straw hat	Aș vrea să cumpăr: — o pălărie de damă — o beretă — o pălărie de pai	ash vrea sə kumpər: — o pələrie de damə — o beretə — o pələrie de pai

95

— a narrow-brimmed hat	— o pălărie de fetru cu bor îngust	— o pələrie de fetru ku bor îngust
— a fur cap	— o căciulă	— o kətʃulə
Does this hat suit me?	Pălăria aceasta mi se potrivește?	pələria atʃasta mi se potriveshte?
Try this one, please.	Încercați-o pe aceasta.	întʃerkatsio pe atʃasta.

Knitted Goods	Tricotaje	trikotaʒe
I want a man's knitted shirt.	Vreau o cămașă bărbătească tricotată.	vreau o kəmashə bərbəteaskə trikotatə.
Please, select a jumper (knitted jersey) to fit me.	Alegeți, vă rog, un tricou care să mi se potrivească.	aledʒetsi, və rog, un trikou kare sə mi se potriveaskə.
A pull-over (sweater), please.	Un pulover, vă rog.	un pulovər, və rog.
Please, show me some ladies'/men's/children's knitted underwear.	Arătați-mi, vă rog, lenjerie tricotată de damă/bărbătească/de copii.	arətatsimi, və rog, lenʒerie trikotatə de damə/bərbəteaskə/de kopii.

Cosmetic Department	Raionul cosmetică	rajonul kosmetikə
I want a small bottle of scent (perfume), please.	Vreau o sticluță de parfum, vă rog.	vreau o stiklutsə de parfum, və rog.
This scent is too strong. I want something milder.	Parfumul acesta este prea puternic. Vreau unul mai slab.	parfumul atʃesta jeste prea puternik. vreau unul mai slab.
This one has a pleasant smell.	Acesta are un miros plăcut.	atʃesta are un miros pləkut.
Have you got eau-de-Cologne?	Aveți apă de colonie?	avetsi apə de kolonie?
I need some face cream/powder.	Îmi trebuie niște cremă de față/pudră.	îmi trebuje nishte kremə de fatsə/pudrə.
Can I have . . . ?	Îmi puteți da . . .	îmi putetsi da . . . ?
— a tube of toothpaste	— o pastă de dinți	— o pastə de dintsi
— a cake of soap	— un săpun	— un səpun
— a lipstick	— un ruj de buze	— un ruʒ de buze
-- this nail varnish (polish)	— acest lac de unghii	— atʃest lak de ungii
— a tooth-brush	— o periuță de dinți	— o periutsə de dintsi

English	Romanian	Pronunciation
— a nailbrush	— o perie de unghii	— o perie de ungii
— a hair-brush	— o perie de păr	— o perie de pər
— a packet of razor blades	— un pachet de lame de ras	— un paket de lame de ras
Haven't you a darker/ lighter shade of lipstick?	Aveţi o nuanţă mai închisă/mai deschisă de ruj?	avetsi o nuantsə mai înkisə/mai deskis) de ruჳ?
I'll take this lipstick. I like the shade of it.	Iau acest ruj. Îmi place nuanţa.	jau atʃest ruჳ. îmi platʃe nuantsa.
What a lovely scent spray! How much is it, please?	Ce pulverizator drăguţ! Cît costă, vă rog?	tʃə pulverizator drəgutsl kît kostə, və rog?

Jewellery	*Bijuterii*	biჳuterii
Could you show me ...?	Arătaţi-mi, vă rog:	arətatsimi, və rog:
— a ring	— un inel	— un inel
— a broach	— o broşă	— o broshə
— a bracelet	— o brăţară	— o brətsarə
— a wedding-ring	— o verighetă	— o verigetə
— some earrings	— nişte cercei	— nishte tʃertʃei
— a single/double/triple necklace	— un colier simplu/dublu/triplu	— un kolier simplu/dublu/triplu
— a chain	— un lanţ	— un lants
— a locket	— un medalion	— un medalion
— a diamond	— un diamant	— un diamant
— a pearl	— o perlă	— o perlə
— a ruby	— un rubin	— un rubin
— an emerald	— un smarald	— un smarald
— a pendant	— un pandantiv	— un pandantiv
I'd like to buy this watch strap.	Aş dori această curea de ceas.	ash dori atʃastə kurea de tʃas.
I want:	Vreau:	vreau:
— a clock	— un ceas (de masă)	— un tʃas de masə
— a wall clock	— un ceas de perete	— un tʃas de perete
— an alarm clock	— un ceas deşteptător	— un tʃas deshteptətor
— a stop watch	— un cronometru	— un kronometru
How long is the guarantee?	Care este perioada de garanţie?	kare jeste periwada de garantsie?
I'm looking for a suitable gift for a young lady/a lady/a genʼtleman.	Caut un cadou potrivit pentru o domnişoară/ o doamnă/un domn.	kaut un kadou potrivit pentru o domnishwarə/o dwamnə/un domn.

97

English	Romanian	Pronunciation
What would you suggest?	Ce mi-ați putea recomanda?	tʃe miatsi putea rekomanda?

Electrical Appliances — *Aparate electrice* — aparate elektritʃe

How does this washing machine work?	Cum funcționează această mașină de spălat?	kum ıunktsioneazə atʃastə mashinə de spəlat?
How much electricity does this refrigerator use?	Cît consumă acest frigider?	kît konsumə atʃest fridʒider?
Have you a battery for a pocket torch?	Aveți o baterie de lanternă?	avetsi o baterie de lanternə?
Iow much is ...?	Cît costă ... ?	kît kostə ... ?
- an electric razor	— un aparat de ras electric	— un aparat de ras elektrik
— an electric kettle	— un ceainic electric	— un tʃainik elektrik
— an iron	— un fier de călcat	— un fier de kəlkat
— an electric meat-grinder	— o mașină electrică de tocat carne	— o mashinə elektrikə de tokat karne
— a vacuum cleaner	— un aspirator de praf	— un aspirator de praf
— an electric floor polisher.	— un aparat electric de lustruit parchetul.	— un aparat elektrik de lustruit parketul.

China and Glassware — *Obiecte de porțelan și sticlă* — obiekte de portselan shi stiklə

Please, show me a:	Arătați-mi, vă rog, un:	arətatsimi, və rog, un:
— dinner service	— serviciu de masă	— servitʃu de masə
— coffee service	— serviciu de cafea	— servitʃu de kafea
— tea service	— serviciu de ceai	— servitʃu de tʃai
I'll take:	Iau:	jau:
— this tea-pot	— acest ceainic	— atʃest tʃainik
— these plates	— aceste farfurii	— atʃeste farfurii
— these cups	— aceste cești	— atʃeste tʃeshti
— these glasses	— aceste pahare	— atʃeste pahare
— these tumblers (wine glasses)	— aceste pahare de vin	— atʃeste pahare de vin
— these vases	— aceste vaze	— atʃeste vaze
— this cut-glass decanter	— această garafă de cristal	— atʃastə garafə de kristal

Furniture	Mobilă	mobila
How much is this ...?	Cît costă această garnitură de ...?	kit kostə atʃastə garniturə de ...?
— lounge suite	— salon	— salon
— bedroom suite	— dormitor	— dormitor
— dining-room suite	— sufragerie	— sufradʒerie
Show me some hand-woven carpets, please.	Arătați-mi, vă rog, niște covoare lucrate de mînă.	arətatsimi, və rog, nishte kovware lukrate de mínə.
What size is this carpet?	Ce mărime are acest covor?	tʃe mərime are atʃest kovor?
Are you interested in period furniture?	Vă interesează mobila de epocă (stil)?	və intereseazə mobila de epokə (stil)?

Photographic Goods	Articole fotografice	artikole fotografitʃe
I need a camera.	Îmi trebuie un aparat de fotografiat.	ími trebuje un aparat de fotografiat.
What is the lenspower of this camera?	Ce intensitate are lentila acestui aparat?	tʃe intensitate are lentila atʃestui aparat?
I want:	Vreau:	vreau:
— a film	— un film	— un film
— hard paper	— hîrtie fotografică	— hîrtie fotografikə
— a developer	— un aparat de developat	— un aparat de developat
— a fixer	— un fixator	— un fiksator
— an enlarger	— un aparat de mărit	— un aparat de mərit
— a set of filters	— un set de filtre	— un set de filtre
— cartridges	— casete	— kasete
— a film projector	— un aparat de proiecție	— un aparat de projektsie
— film slides	— diapozitive	— diapozitive
What is the speed of this film?	Care este viteza acestui film?	kare jeste viteza atʃestui film?

Musical Instruments	Instrumente muzicale	instrumente muzikale
I shall take some records.	Iau niște discuri.	jau nishte diskuri.
May I hear this record/these records?	Pot să ascult acest disc/aceste discuri?	pot sə askult atʃest disk/atʃeste diskuri?
Can I have a selection of ...?	Imi puteți da o selecție de discuri cu ...?	ími putetsi da o selektsie de diskuri ku...?

— dance music records	— muzică de dans	— muzikə de dans
— simphony records	— muzică simfonică	— muzikə simfonikə
— opera records	— muzică de operă	— muzikə de operə
— folk song records	— muzică populară	— muzikə popularə
Do you have Enescu records?	Aveți discuri cu muzica lui Enescu?	avetsi diskuri ku muzika lui enesku?
What long-playing records have you?	Ce discuri microsion aveți?	tʃe diskuri mikrosion avetsi?
How many registers has this accordion?	Cîte registre are acest acordeon?	kîte redʒistre are atʃest akordeon?
Can I have a look at a ...?	Pot să văd ...?	pot sə vəd ...?
— violin	— o vioară	— o viwarə
— pan pipe	— un nai	— un nai
— bagpipe	— un cimpoi	— un tʃimpoi
— dulcimer	— un țambal	— un tsambal
— long shepherd's pipe	— un caval	— un kaval
— pipe	— un fluier	— un flujer
— mandoline	— o mandolină	— o mandolinə
— guitar	— o ghitară	— o gitarə
I'd like to buy some scores.	Vreau să cumpăr niște partituri (muzicale).	vreau sə kumpər nishte partituri (muzikale).
Do you have the libretto of this opera by Verdi?	Aveți libretul acestei opere de Verdi?	avetsi libretul atʃestei opere de verdi?
How much is a ...?	Cît costă ...?	kît kostə ...?
— bow	— un arcuș	— un arkush
— string	— o coardă	— o kwardə
— music stand	— un pupitru	— un pupitru

Sports Goods	*Articole sportive*	artikole sportive
I need a sporting gun.	Îmi trebuie o armă de vînătoare.	îmi trebuje o armə de vînətware.
Please, show me some fishing tackle.	Arătați-mi, vă rog, niște unelte de pescuit.	arətatsimi, və rog, nishte unelte de peskuit.
Please, show me a bicycle.	Arătați-mi, vă rog, o bicicletă.	arətatsimi, və rog, o bitʃikletə.
How much petrol does this motorcycle use?	Cîtă benzină consumă această motocicletă?	kîtə benzinə konsumə atʃastə mototʃikletə?
Can I have a tennis racket/tennis balls?	Îmi puteți da o rachetă de tenis/mingi de tenis?	îmi putetsi da o raketə de tenis/mindʒi de tenis?

I want:	Îmi trebuie:	ími trebuje:
— a football	— o minge de fotbal	— o mindʒe de fotbal
— football boots	— bocanci de fotbal	— bokantʃi de fotbal
— leggings	— jambiere	— ʒambiere
— shorts	— chiloţi	— kilotsi
— a football shirt	— un maiou	— un majou
— a jersey	— un tricou	— un trikou
— a kit-bag	— un sac de echipament	— un sak de ekipament
— ski wax	— ceară de schiuri	— tʃarə de skiuri
— a skiing suit	— un costum de schi	— un kostum de ski
What ski bindings do you stock?	Ce legături de schiuri aveţi?	tʃe legəturi de skiuri avetsi?
My friend wants to buy a rubber cap/ a pair of boxing gloves.	Prietenul meu vrea să cumpere o cască/o pereche de mănuşi de box.	prietenul meu vrea sə kumpere o kaskə/o pereke de mənushi de boks.

At the Optician's — Instrumente optice — instrumente optitʃe

I have broken my glasses. Can you replace the lens?	Mi-am spart ochelarii. Îmi puteţi înlocui lentilele?	mjam spart okelarii. ími putetsi înlokui lentilele?
I want to order a pair of glasses.	Vreau să comand o pereche de ochelari.	vreau sə komand o pereke de okelari.
I am short-sighted/long-sighted.	Sînt miop/prezbit.	sînt miop/prezbit.
I want my spectacles mended/renewed.	Vreau să-mi repar/înlocuiesc ochelarii.	vreau səmi repar/înlokujesk okelarii.
I should like:	Aş vrea rame de:	ash vrea rame de:
— metal rims	— metal	— metal
— tortoiseshell rims	— baga	— baga
— gold rims	— aur	— aur
Please, show me a pair of opera glasses.	Arătaţi-mi, vă rog, un binoclu de teatru.	arətatsimi, və rog, un binoklu de teatru.
I want a magnifying glass.	Vreau o lupă.	vreau o lupə.
Can I have a pair of sun-glasses/goggles?	Îmi puteţi da o pereche de ochelari de soare/ ochelari de protecţie?	ími putetsi da o pereke de okelari de sware/ okelari de protektsie?
Here you are sir/ madam.	Poftiţi domnule/doamnă.	poftitsi domnule/ dwamnə.

101

At a Flower Shop	La florărie	la florərie
Make me up a bunch of flowers, please.	Faceţi-mi un buchet de flori, vă rog.	fatʃetsimi un bukɛt de flori, v> rog.
I should like a bunch of red and white roses.	Aş dori un buchet de trandafiri roşii şi albi.	ash dori un bukɛt de trandafiri roshii shi albi.
Would you send the flowers to this address?	Vreţi să trimiteţi florile la această adresă?	vrɛtsi s> trimitetsi florile la atʃast> adres>?
How much is a basket of flowers?	Cît costă un coş cu flori?	kît kost> un kosh ku flori?
We need a wreath of fresh flowers.	Ne trebuie o coroană de flori proaspete.	ne trebuje o korwan> de flori prwaspete.
Please, put a ribbon on the wreath with these words.	Vă rog, puneţi o panglică la coroană cu aceste cuvinte.	v> rog, punetsi o panglik> la korwan> ku atʃeste kuvinte.
Are these greenhouse/cultiyated/wild flowers?	Acestea sînt flori de seră/cultivate/sălbatice?	atʃestea sînt flori de ser>/kultivate/s>lbatitʃe?
I'm very fond of:	Îmi plac foarte mult:	îmi plak fwarte mult:
— carnations	— garoafele	— garwafele
— tulips	— lalelele	— lalɛlele
— lilies	— crinii	— krinii
— chrysanthemums	— crizantemele	— krizantemele
— dahlias (georgines)	— daliile	— daliile

At a Folk Art and Craft Shop	La un magazin de artizanat	la un magazin de artizanat
I want to buy some presents for my friends.	Vreau să cumpăr nişte cadouri pentru prieteni.	vreau s> kump>r nishte kadouri pentru prieteni.
Is there a gift shop anywhere near?	Este vreun magazin de cadouri prin apropiere?	jeste vreun magazin de kadouri prin apropiere?
Please, show me a doll in national dress.	Arătaţi-mi, vă rog, o păpuşă în costum naţional.	ar>tatsimi, v> rog, o p>push> în kostum natsional.
I want a Romanian national costume.	Vreau un costum naţional românesc.	vreau un kostum natsional romînɛsk.

Can I have a look at this ... ?	Pot să mă uit la ... ?	p śɔ mɔ uit la ... ?
— hand-woven carpet	— acest covor lucrat de mînă	— atʃest kovor lukrat de mînɔ
— rug	— această carpetă	— atʃastɔ karpetɔ
— wall carpet	— această scoarţă	— atʃastɔ skwartsɔ
— embroidery	— această broderie	— atʃastɔ broderie
— peasant homespun skirt	— această catrinţă	— atʃastɔ katrintsɔ
— mat	— acest mileu	— atʃest mileu
I'd like to buy:	Aş vrea să cumpăr:	ash vrea sɔ kumpɔr:
— an embroidered peasant shirt/blouse	— o ie	— o ie
— a peasant skirt	— o fotă	— o fotɔ
— a pig leather girdle	— o centură de piele de porc	— o tʃenturɔ de pjele de pork
— a peasant belt	— un chimir	— un kimir
— a pig leather purse	— o pungă de piele de porc	— o pungɔ de pjele de pork
— an embroidered wallet	— un portmoneu brodat	— un portmoneu brodat
What else can you show me?	Ce altceva îmi mai puteţi arăta?	tʃe alttʃeva îmi mai putetsi arɔta?
We have a wide selection of folk craft objects.	Avem un larg sortiment de obiecte de artizanat.	avem un larg sortiment de obiekte de artizanat.

At the Tailor's (Dressmaker's)	La croitorie	la kroitorie
I need a new suit (costume); my old one is rather worn.	Îmi trebuie un costum nou; cel vechi este cam uzat.	îmi trebuje un kostum nou; tʃel veki jeste kam uzat.
It doesn't fit me well.	Nu mi se potriveşte.	nu mi mi se potriveshte.
I seem to have put on weight.	Mi se pare că m-ɐm îngrăşat.	mi se pare kɔ mam îngrɔshat.
Won't you buy a ready-made suit?	Nu cumpăraţi un costum de gata?	nu kumpɔratsi un kostum de gata?

103

English	Romanian	Pronunciation
I'm only interested in a good fit and a smart cut.	Mă interesează un costum care să mi se potrivească şi să aibă o croială elegantă.	mə intereseazə un kostum kare sə mi se potriveaskə shi sə aibə o krojalə elegantə.
I'd like to order a suit.	Aş vrea să comand un costum.	ash vrea sə komand un kostum.
I prefer a good cloth that wears well.	Prefer o stofă bună care ţine la purtare.	prefer o stofə bunə kare tsine la purtare.
Have you got a book of patterns?	Aveţi un catalog de mostre?	avetsi un katalog de mostre?
Can I have a look at some patterns?	Pot să mă uit la nişte modele?	pot sə mə wit la nishte modele?
I like this dark brown material.	Îmi place materialul acesta maro închis.	ími platʃe materialul atʃesta maro ínkis.
This shade is too light.	Nuanţa aceasta este prea deschisă.	nuantsa atʃasta jeste prea deskisə.
I'd like to have a suit made of this cloth.	Aş vrea să-mi faceţi un costum din stofa aceasta.	ash vrea səmi fatʃetsi un kostum din stofa atʃasta.
I should like to be measured for a suit.	Aş vrea să-mi luaţi măsură pentru un costum.	ash vrea səmi lwatsi məsurə pentru un kostum.
Make it:	Să-l faceţi:	səl fatʃetsi:
— shorter	— mai scurt	— mai skurt
— longer	— mai lung	— mai lung
— tighter	— mai strîmt	— mai strîmt
— fuller	— mai larg	— mai larg
Is this pure wool?	Este lînă pură?	jeste línə purə?
It's semi-woollen material with a synthetic fibre.	Este semilînă cu fibre sintetice.	jeste semilínə ku fibre sintetitʃe.
It's a bit too coarse/fine.	Este cam aspră/prea fină.	jeste kam asprə/prea finə.
How many metres do I need for a single-breasted/doublebreasted suit?	Cîţi metri îmi trebuie pentru un costum la un rînd/la două rînduri?	kítsi metri ími trebuje pentru un kostum la un rînd/la dowə rînduri?
What kind of lining do you prefer?	Ce căptuşeală preferaţi?	tʃe kəptushalə preferatsi?
The jacket will be lined with silk.	Haina va fi căptuşită cu mătase.	haina va fi kəptushitə ku mətase.

104

Do you want one or two hip pockets in your trousers?	Doriţi un buzunar sau două la spate la pantaloni?	doritsi un buzunar sau dowə la spate la pantaloni?
Make it a little wider here.	Mai lărgiţi-l puţin aici.	mai lərdʒitsil putsin aitʃi.
When do you think the suit will be ready?	Cînd credeţi că va fi gata costumul?	kînd kredetsi kə va fi gata kostumul?
Could you come for the first fitting next Monday, please?	Aţi putea, vă rog, veni lunea viitoare la prima probă?	atsi putea, və rog, veni lunea viitware, la prima probə?
I'll come next week to try the suit on.	Vin săptămîna viitoare să încerc costumul.	vin səptəmîna viitware sə întʃerk kostumul.
I'm afraid there are some alterations to be made.	Mă tem că trebuie să facem nişte modificări.	mə tem kə trebuje sə fatʃem nishte modifikəri.
The trousers don't fit. They are a bit too tight.	Pantalonii nu-mi vin bine. Sînt prea strîmţi.	pantalonii numi vin bine. sînt prea strîmtsi.
They have to be let out/taken in.	Trebuie să fie lărgiţi/strîmtaţi.	trebuje sə fie lərdʒitsi/strîmtatsi.
The trouser-legs are too wide/short.	Pantalonii sînt prea largi/scurţi.	pantalonii sînt prea lardʒi/skurtsi.
I think the sleeves have to be made longer/shorter.	Cred că mînecile trebuie lungite/scurtate.	kred kə mînetʃile trebuje lundʒite/skurtate.
Now the suit fits you perfectly. (The fit is perfect.)	Acum costumul vi se potriveşte de minune.	akum kostumul vi se potriveshte de minune.
Where can my wife order a dress, please?	Unde poate soţia mea să comande o rochie, vă rog?	unde pwate sotsia mea sə komande o rokie, və rog?
Could you recommend a good dressmaker?	Mi-aţi putea recomanda o croitoreasă bună?	mjatsi putea rekomanda o kroitoreasə bunə?
I want a dress/a blouse.	Vreau să-mi faceţi o rochie/o bluză.	vreau səmi fatʃetsi o rokie/o bluzə.
Have you brought the material with you?	Aţi adus materialul cu dvs.?	atsi adus materialul ku dumneavwastrə?
Yes, here it is.	Da, poftiţi.	da, poftitsi.
Do you want any special style?	Doriţi un model/o croială deosebit(ă)?	doritsi un model/o krojalə deosebit(ə)?
Here is a lovely dress in this fashion magazine. Could you make it like this?	Iată o rochie încîntătoare în această revistă. Aţi putea-o face la fel?	jatə o rokie înkîntətware în atʃastə vistə. atsi puteao fatʃe la fel?

105

English	Romanian	Pronunciation
We'll try, madam. We have some very similar patterns.	Vom încerca, doamnă. Avem niște modele foarte asemănătoare.	vom întʃerka, dwamnɘ. avɛm niʃhtɵ modɛle fwarte asemɔnɔtware.
I've got your measurements.	V-am luat măsura.	vam lwat mɔsura.
What do you charge for making a dress?	Cît luați pentru o rochie?	kît lwatsi pentru o rokie?
I want a fashionable skirt made of	Vreau o fustă modernă din ...	vreau o fustɘ modɛrnɔ din ....
Please, call next week for the fitting.	Vă rog să treceți săptămîna viitoare pentru probă.	vɘ rog sɔ tretʃetsi sɔptɔmîna viitware pentru probɘ.

At the Shoemaker's — La cizmar — la tʃizmar

English	Romanian	Pronunciation
The heels of my shoes are worn out. (My shoes are down at the heels.)	Pantofii mi s-au tocit la tocuri.	pantofii mi sau totʃit la tokuri.
The shoes want soling/heeling.	Trebuie să-mi pun talpă/tocuri la pantofi.	trebuje sɘmi pun talpɘ/ tokuri la pantofi.
I'd like to have my boots mended (repaired).	Vreau să-mi repar ghetele.	vreau sɘmi repar getele.
Take off your shoes and wait while I get them done.	Scoateți-vă pantofii și așteptați pînă vi-i repar.	skwatetsivɘ pantofii shi ashteptatsi pînɘ vii repar.
I want to order a pair of:	Vreau să comand o pereche de:	vreau sɘ komand o pereke de:
— sport shoes	— pantofi de sport	— pantofi de sport
— high-heeled shoes	— pantofi cu toc înalt	— pantofi ku tok înalt
— low-heeled shoes	— pantofi cu toc jos	— pantofi ku tok ʒos
— evening shoes	— pantofi de seară	— pantofi de searɘ
— fur-lined boots	— ghete îmblănite	— gete îmblɔnite
— slippers	— papuci	— paputʃi
When can you let me have them?	Cînd sînt gata?	kînd sînt gata?
Would you call back for your shoes in a few days, please?	Vreți să treceți să luați pantofii peste cîteva zile, vă rog?	vretsi sɘ tretʃetsi sɘ lwatsi pantofii peste kîteva zile, vɘ rog?
Do you prefer leather or rubber soles?	Preferați talpă de piele sau de cauciuc?	preferatsi talpɘ de pjele sau de kautʃuk?
Put some rubber/metal tips on the heels, please.	Puneți tocuri de cauciuc/placheuri la tocuri, vă rog.	punetsi tokuri de kautʃuk/plakɵuri la tokuri, vɔ rog.

106

At the Hairdresser's	La frizerie/coafor	la frizerie/koator
Your hair needs cutting. (You need a hair-cut.)	Trebuie să vă tundeți.	trebuje sə və tundetsi.
A hair-cut/shave, please.	Tuns/bărbierit, vă rog.	tuns/bərbjerit, və rog.
How would you like your hair cut?	Cum vreți să vă tund?	kum vretsi sə və tund?
I want a short clip.	Vreau tuns scurt.	vreau tuns skurt.
Cut it fairly short, please.	Scurtați-mi-l, vă rog.	skurtatsimil, və rog.
Don't cut it too short.	Nu-l scurtați prea mult.	nul skurtatsi prea mult.
Just trim it at the sides and at the back.	Potriviți-l în părți și la spate.	potrivitsil în pərtsi shi la spate.
Shall I cut it straight at the front?	Să-l tund drept în fată?	səl tund drept în fatsə?
Why don't you take it off here?	De ce nu-l mai scurtați aici?	detʃe nul mai skurtatsi aitʃi?
Is that short enough?	Este deajuns de scurt?	jeste deaʒuns de skurt?
Will that do?	Sînteți mulțumit?	sîntetsi multsumit?
You shouldn't have your hair cut too close. It doesn't suit you.	Nu trebuie să vă tundeți prea scurt. Nu vă vine bine.	nu trebuje sə və tundetsi prea skurt. nu və vine bine.
Do you wear your hair parted on the right or on the left?	Purtați cărare la dreapta sau la stînga?	purtatsi kərare la dreapta sau la stînga?
Part my hair in the middle. /Make the parting on the left.	Faceți-mi cărare la mijloc./Faceti cărarea la stînga.	fatʃetʃimi kərare la miʒlok./fatʃetsi kərarea la stînga.
Trim my beard /moustache.	Potriviți-mi barba/mustața, vă rog.	potrivitsimi barba/mustatsa, və rog.
Now give me a shampoo.	Faceți-mi un șampon.	fatʃetsimi un shampon.
I want my hair washed.	Vreau să-mi spălați părul.	vreau səmi spəlatsi pərul.
Let me rinse your hair in the basin.	Să vă clătesc părul în chiuvetă.	sə və klətesc pərul în kjuvetə.
Do you want any oil or spray?	Doriți să vi-l dau cu ulei sau să vi-l ud?	doritsi sə vil dau ku ulei sau sə vil ud?
Your hair's fal g out.	Vă cade părul.	və kade pərul.
I want my hair done.	Vreau să mă coafez.	vreau sə mə koafez.
Have you a particular hair style you want?	Doriți vreo coafură deosebită?	doritsi vreo koafurə deosebitə?

107

I want a perm (permanent wave), please.	Vreau un permanent, vă rog.	vreau un pərmanent, və rog.
How long will it take you to give me a perm?	În cît timp îmi faceți permanentul?	în kît timp îmi fatʃetsi permanentul?
Do you want a cold or a hot perm?	Doriți un permanent rece sau cald?	doritsi un permanent retʃe sau kald?
Could you, please, wave (curl) my hair in the latest style?	Vă rog să mă coafați după ultima modă.	və rog sə mə koafatsi dupə ultima modə.
Is this the latest hairdo?	Acesta este ultimul model (de coafură)?	atʃesta jeste ultimul model (de koafurə)?
Please, dry my hair with the hair drier.	Vă rog să-mi uscați părul cu foenul.	və rog səmi uskatsi pərul ku fŏnul.
I want my hair dyed.	Vreau să-mi vopsesc părul.	vreau səmi vopsesk pərul.
Don't rub the die into my scalp.	Aveți grijă să nu intre vopseaua în piele.	avetsi grizə sə nu intre vopseawa în pjele.
Do you wear your hair bobbed?	Purtați părul tuns scurt?	purtatsi pərul tuns skurt?
I want to have my nails done.	Vreau să-mi faceți manichiura.	vreau səmi fatʃetsi manikjura.
Please, don't trim and file my nails too short.	Vă rog să nu-mi piliți unghiile prea scurt.	və rog sə numi pilitsi unghiile prea skurt.
Do you want your fingernails varnished?	Doriți să vă dau cu lac?	doritsi sə və dau ku lak?
I'd like to have my eyebrows painted.	Vreau să-mi vopsiti sprîncenele.	vreau səmi vopsitsi sprîntʃenele.
I must go to the hairdresser today.	Trebuie să mă duc la coafor astăzi.	trebuje sə mə duk la koafor astəzi.
I'm waiting my turn.	Îmi aştept rîndul.	îmi ashtept rîndul.

PROFESSIONS, TRADES
PROFESIUNI, MESERII
profesiuni, meserii

| What do you do for a living? | Cu ce vă ocupați? (Ce profesiune aveți?) | ku tʃe və okupatsi? (tʃe profesiune avetsi?) |
| When do you have to go to work? What time do you get to work? | Cînd trebuie să mergeți la lucru? La ce oră vă duceti la lucru? | kînd trebuje sə merdzetsi la lukru? la tʃe orə və dutʃetsi la lukru? |

108

I start work at 8 o'clock in the morning.	Eu încep lucrul la ora opt dimineața.	jeu întʃep lukruĭ la ora opt dimineatsa.
How many hours a day do you work?	Cîte ore lucrați pe zi?	kîte ore lukratsi pe zi?
I have an 8-hour working day.	Lucrez opt ore pe zi.	lukrez opt ore pe zi.
I've a break at noon to have my lunch.	La prînz am o pauză pentru masă.	la prînz am o pauzə pentru masə.
He is a/an:	El este:	jel jeste:
— worker	— muncitor	— muntʃitor
— carpenter	— tîmplar	— tîmplar
— bricklayer	— zidar	— zidar
— caster	— turnător	— turnətor
— lock-smith	— lăcătuș	— ləkətush
— miner	— miner	— miner
— mechanic	— mecanic	— mekanik
— weaver	— țesător	— tsesətor
— docker	— docher	— doker
— turner	— strungar	— strungar
— bus conductor	— șofer	— shofer
— technician	— tehnician	— tehnitʃian
— civil servant	— funcționar	— funktsionar
— electrical engineer.	— inginer electrotehnic.	— indʒiner elektrotehnik.
Have you got a full-time/part-time job? (Do you work part time?)	Aveți o normă completă sau lucrați în cumul?	avetsi o normə completə sau lukratsi în kumul?
Sometimes I work on the day shift/night shift.	Uneori lucrez în schimbul de zi/de noapte.	uneori lukrez în skimbul de zi/de nwapte.
He's at work. He won't be back before four o'clock.	El e la lucru. Nu se întoarce înainte de ora patru.	jel jə la lukru. Nu se întwartʃe înainte de ora patru.
I want to take a day off.	Vreau să mă învoiesc o zi.	vreau sə mə învojesk o zi.
Today is my free day.	Astăzi este ziua mea liberă.	astəzi jeste ziwa mea liberə.
When are you going on holiday?	Cînd plecați în vacanță?	kînd plekatsi în vakantsə?
Are you on sick-leave?	Sînteți în concediu de boală?	sîntetsi în kontʃediu de bwalə?

109

Do you get paid holidays?	Aveți concediu plătit?	avetsi kontʃediu plətit?
When are you off duty/ on duty this week?	Cînd sînteți liber/de serviciu săptămîna aceasta?	kînd sîntetsi liber/de servitʃu səptəmîna aʃasta?
When do you get your wages?	Cînd luați salariul?	kînd lwatsi salariul?
I get paid once a month.	Iau salariul o dată pe lună.	jau salariul o datə pe lunə.
What do you earn a month on the average?	Cît cîștigați în medie pe lună?	kît kîshtigatsi în medie pe lunə?
I have a quite well-paid job.	Am o slujbă (destul de) bine plătită.	am o sluʒbə (destul de) bine plətitə.
I shall take up a job very soon. I've just graduated from the university.	În curînd voi lua o slujbă. Abia am absolvit universitatea.	în kurînd voi lwa o sluʒbə. abia am absolvit universitatea.
What are your qualifications?	Ce calificare aveți?	tʃe kalifikare avetsi?
How much schooling have you had?	Ce studii aveți?	tʃe studii avetsi?
I trained as a...	M-am calificat în...	mam kalifikat în...
I want to apply for this post.	Vreau să fac cerere pentru ocuparea acestui post.	vreau sə fak tʃ·rere pentru okuparea a-tʃestui post.
I'm sure you'll be engaged.	Sînt sigur că veți fi angajat.	sînt sigur kə vetsi fi angaʒat.
He will retire because of ill health.	El se va pensiona din motive de sănătate.	jel se va pensiona din motive de sənatate.
He will be pensioned off.	El va fi scos la pensie (pensionat).	jel va fi skos la pensie (pensionat).
What kind of work do you do?	Ce fel de muncă faceți?	tʃe fel de munkə fa-tʃetsi?
I'm a:	Eu sînt:	jeu sînt:
— newspaper correspondent	— corespondent de presă	— korespondent de presə
— film director	— regizor de film	— redʒizor de film
— cinema producer	— producător de filme	— produkətor de filme
— writer	— scriitor	— skriitor
— actor/actress	— actor/actriță	— aktor/aktritsə
— musician	— muzician	— muzitʃian
— composer	— compozitor	— kompozitor

110

English	Romanian	Pronunciation
— poet	— poet	— poet
— lawyer	— avocat	— avokat
— clergyman	— preot	— preot
— architect	— arhitect	— arhitekt
— engineer	— inginer	— indʒinɛr
— businessman	— om de afaceri	— om de afatʃeri
— manufacturer (industrialist)	— industriaş	— industriash

My brother is a clerk/ an accountant in a business firm.
Fratele meu este funcţionar/contabil la o mare firmă.
fratele meu jeste funktsionar/kontabil la o mare firmɔ.

Do you want to go into business?
Vreţi să intraţi în afaceri?
vretsi sɔ ɪntratsi în afatʃeri?

I'm a commercial traveller at present.
Iu prezent sînt voiajor comercial.
în prezent sînt vojaʒor komertʃjal.

Who is the head of your office?
Cine este şeful biroului?
tʃine jeste sheful biroului?

I'm in the legal/teaching/medical/theatrical profession.
Eu lucrez în justiţie/învăţămînt/medicină/teatru.
jeu lukrez în ʒustitsie/învɔts ɔm ínt/ meditʃinə/teatru.

I've worked in my profession for many years.
Lucrez de mulţi ani în specialitate.
lukrez de multsi ani în spetʃialitatɛ.

He wants to take up:
El vrea să se ocupe de:
jel vrea sɔ se okupe de:

— electronics	— electronică	— elektronik⅄
— energetics	— energetică	— enerdʒetik⅄
— mechanical engineering	— construcţii de maşini	— konstruktsii de mashini
— housing	— construcţii de locuinţe	— konstruktsii de lokuintse
— chemistry	— chimie	— kimie
— botany	— botanică	— botanikə
— agronomy	— agronomie	— agronomie
— physics	— fizică	— fizikə
— mathematics	— matematică	— matematik⅄
— biology	— biologie	— biolodʒie
— geology	— geologie	— dʒeolodʒie
— astronomy	— astronomie	— astronomie

He is an expert in economics.
El este specialist în ştiinţe economice.
jel jeste spetʃialist în shtiintse ekonomitʃe.

I'm engaged in farming.
Mă ocup cu agricultura.
mɔ okup ku agrikultura.

111

English	Romanian	Pronunciation
He's an apprentice and wants to become an electrician by trade.	El este ucenic şi vrea să devină electrician.	jel jeste utʃenik shi vrea sə devinə elektritʃjan.
Do you work in the workshop or on the site?	Lucraţi în atelier sau pe şantier?	lukratsi în atelier sau pe shantier?
I'm a transport-worker.	Sînt lucrător în transporturi.	sînt lukrətor în transporturi.
I work on the railway.	Lucrez la calea ferată.	lukrez la kalea feratə.
My sister works in a laboratory/shop.	Sora mea lucrează într-un laborator/într-un magazin.	sora mea lukreazə întrun laborator/întrun magazin.
What trade union do you belong to?	Din ce sindicat faceţi parte?	din tʃe sindikat fatʃetsi parte?
I'm a member of the ... trade union.	Sînt membru al sindicatului....	sînt membru al sindikatului....
How many workers does the factory employ?	Cîţi muncitori lucrează în această fabrică?	kîtsi muntʃitori lukreazə în atʃastə fabrikə?
We've had several wage rises in the past few years.	În ultimii ani salariile ni s-au mărit de mai multe ori.	în ultimii ani salariile ni sau mərit de mai multe ori.

FAMILY, RELATIONSHIP	FAMILIA, GRADE DE RUDENIE	familja, grade de rudenie

Age, Appearance	Vîrsta, înfăţişarea	vîrsta, înfə tsisharea
How old are you? (What's your age?)	Ce vîrstă aveţi?	tʃe vîrstə avetsi?
I'm twenty-eight (years of age).	Am douăzeci şi opt de ani.	am dowəzetʃi shi opt de ani.
I shall be thirty next year.	Anul viitor împlinesc treizeci de ani.	anul viitor împlinesk treizetʃi de ani.
You certainly don't look your age. (You don't look it.)	Nu arătaţi vîrsta.	Nu arətatsi vîrsta.
How old do you think I am?	Ce vîrstă îmi daţi (credeţi că am)?	tʃe vîrstə îmi datsi (kredetsi kə am)?

English	Romanian	Pronunciation
When were you born?	Cînd v-aţi născut?	kînd vatsi nəskut?
I was born in 1940.	M-am născut în 1940.	mam nəskut în o mie nowə sute patruzetʃi.
We're the same age.	Avem aceeaşi vîrstă.	avem atʃejash vîrstə.
	(Sîntem de o vîrstă.)	(sîntem de o vîrstə).
He's two years younger than his wife.	El este cu doi ani mai tînăr decît soţia lui.	jel jeste ku doi ani mai tînər dekît sotsia lui.
She's still in her teens.	Ea este încă adolescentă. (Nu a împlinit douăzeci de ani.)	ja jeste înkə adolestʃentə. (nu a împlinit dowəzetʃi de ani.)
(She is a teenager.)		
Is she under age? (Is she still a minor?)	Ea este minoră?	ja jeste minorə?
When does he come of age?	Cînd va atinge el majoratul?	kînd va atindʒe jel maʒoratul?
His children are grown up and married.	Copiii lui sînt mari şi căsătoriţi.	kopii lui sînt mari shi kəsətoritsi.
Meet my family.	Permiteţi-mi să vă prezint familia mea.	permitetsimi sə və prezint familja mea.
Are your mother and father in?	Mama şi tatăl dvs. sînt acasă?	mama shi tatəl dumneavwastrə sînt akasə?
His eldest daughter has a three-months old baby.	Fiica lui cea mare are un copil de trei luni.	fiika lui tʃea mare are un kopil de trei luni.
Who's that elderly lady?	Cine este doamna aceea în vîrstă?	tʃine jeste dwamna atʃeja în vîrstə?
What does he look like?	Cum arată el?	kum aratə jel?
He is quite handsome. (He is a good-looking man.)	El este foarte chipeş (arătos).	jel jeste fwarte kipesh (arətos).
I think his wife is a charming woman.	Soţia lui este o femeie încîntătoare.	sotsia lui jeste o femeje înkîntətware.
She is a pretty girl.	Ea este o fată drăguţă.	ja jeste o fatə drəgutsə.
Is your sister a student?	Sora dumneavoastră este studentă?	sora dumneavwastrə jeste studentə?
He is a short/tall man.	El este scund/înalt.	jel jeste skund/înalt.
The boy is rather tall for his age.	Băiatul este prea înalt pentru vîrsta lui.	bəjatul jeste prea înalt pentru vîrsta lui.
How tall he has grown!	Ce înalt a crescut (s-a făcut!)	tʃe înalt a kreskut (sa fəkut)!
How long have your uncle and aunt been married?	De cîţi ani sînt căsătoriţi unchiul şi mătuşa dvs.?	de kîtsi ani sînt kəsətoritsi unkiul shi mətusha dumneavwastrə?

113

English	Romanian	Pronunciation
Do you have many cousins and nephews?	Aveţi mulţi veri şi nepoţi?	avetsi multsi veri shi nepotsi?
My niece Ann celebrated her birthday yesterday.	Nepoata mea Ana şi-a sărbătorit ziua de naştere ieri.	nepwata mea ana sha sɔrbɔtorit ziwa de nashtere jeri.
Do all your relatives live in town?	Toate rudele dvs. locuiesc la oraş?	twate rudele dumneavwastrɔ lokujesk la orash?
My in-laws (father-in-law and mother-in law) live in the country.	Socrul şi soacra mea locuiesc la ţară.	sokrul shi swakra mea lokujesk la tsarɔ.
My brother-in-law is a composer.	Cumnatul meu este compozitor.	kumnatul meu jeste kompozitor.
My sister-in-law is an architect.	Cumnata mea este arhitectă.	kumnata mea jeste arhitektɔ.
My brother is single and my sister is engaged to a doctor.	Fratele meu este necăsătorit (burlac), iar sora mea este logodită cu un doctor.	fratele meu jeste nek sɔtorit (burlak) jar sora mea jeste logoditɔ ku un doktor.
Let's go and congratulate the bride and the bridegroom.	Să mergem să felicităm mireasa şi mirele.	sɔ merdʒem sɔ felitʃitɔm mireasa shi mirele.
He takes after his father, don't you think so?	Seamănă cu tatăl lui, nu găsiţi (credeţi)?	seamɔnɔ ku tatɔl lui, nu gɔsitsi (kredetsi)?
His brother has fair/ dark hair.	Fratele lui are părul blond/negru.	fratele lui are pɔrul blond/negru.
My grandfather and grandmother are getting old.	Bunicul şi bunica mea au îmbătrînit.	bunikul shi bunika mea au îmbɔtrînit.

House, Garden	Casa, grădina	kasa, grɔdina
Where do you live?	Unde locuiţi?	unde lokuitsi?
I live in this street/ house.	Locuiesc pe strada/în casa aceasta.	lokujesk pe strada/în kasa atʃasta.
Have you got a house of your own?	Aveţi casă proprie?	avetsi kasɔ proprie?
No, I live in a block of flats.	Nu, locuiesc într-un bloc.	nu, lokujesk întrun blok.

114

English	Romanian	Pronunciation
I have a small flat: two bedrooms, kitchen and bath.	Am un mic apartament: două dormitoare, bucătărie şi baie.	am un mik apartameñt. dowə dormitware, bukətɔrie shi baje.
On which floor do you live?	La ce etaj locuiţi?	la tʃe etaʒ lokuitsi?
I live on the ground-floor/on the fifth floor.	Locuiesc la parter/la etajul cinci.	lokujesk la parter/la taʒul tʃintʃi.
We've just moved in.	Tocmai ne-am mutat.	tokmai neam mutat.
I'd like to come and see your place.	Aş vrea să vin să vă văd casa.	ash vrea sə vin sə vəd kasa.
We have built-in furniture which is so practical.	Avem mobilă în perete care este foarte practică.	avem mobilə în perete kare jeste fwarte praktikə.
We bought these four chairs separately.	Am cumpărat aceste patru scaune separat.	am kumpərat atʃeste pɑtru skaune separat.
Do you burn wood or coal?	Ardeţi lemne sau cărbuni?	ardetsi lemne sau kərbuni?
We have had central heating put in.	Ni s-a făcut instalaţie de încălzire centrală.	ni sa fɔkut instalatsie de înkɔlzire tʃentralə
What a beautiful carpet you've got!	Ce covor frumos aveţi!	tʃe kovor frumos avetsi!
These rugs really go with the colour of the walls.	Aceste carpete se asortează foarte bine cu pereţii.	atʃeste karpete se asorteazə fwarte bine ku peretsii.
Do the windows open on the garden?	Ferestrele dau în grădină?	ferestrele dau în grədinə?
Would you, please, draw the curtains?	Vreţi, vă rog, să trageţi perdelele?	vretsi, və rog, sə tradʒetsi perdelele?
We have two wall plugs in the room. One for the television and one for the vacuum-cleaner.	Avem două prize în cameră. Una pentru televizor şi una pentru aspirator.	avem dowə prize în kamerə. una pentru televizor shi una pentru aspirator.
There's plenty of room for a refrigerator in the kitchen.	Este destul loc în bucătărie pentru frigider.	jeste destul lok în bukətɔrie pentru fridʒider.
Have you any labour-saving devices?	Aveţi maşini cu care vă ajutaţi la menaj?	avetsi mashini ku kare və aʒutatsi la menaʒ?
Yes, I've a washing machine.	Da, am o maşină de spălat.	da, am o mashinə de spɔlat.
The gas cooker smells of gas.	Aragazul miroase.	aragazul mirwase.

115

Send for a workman to get it repaired.

How many upstairs rooms are there?

This is a small bedroom for visitors.

How do you like this wardrobe?

Oh, what a beautiful dressing table you have!

This room looks very comfortable.

The inside decoration has been finished just recently.

Here are a divan-bed, woollen blankets and cushions.

We can also put up a camp-bed for another guest to sleep in.

This is our baby's cot.

We've constant hot water.

Don't you have a study?

Do you take great care with your garden?

It looks so neat and tidy.

The grass lawn has to be cut regularly.

Of course, I couldn't manage it without my wife's help.

My wife usually waters the flowers.

I think the roses will come out very soon.

Trimiteţi după un muncitor să vi-l repare.

Cîte camere sînt la etaj?

Acesta este un dormitor mic pentru oaspeţi.

Cum vă place şifonierul acesta?

Ce masă de toaletă frumoasă aveţi!

Camera aceasta pare foarte confortabilă.

Decoraţia interioară a fost terminată de curînd.

Iată un divan, pături de lînă şi perne.

Mai putem pune şi un pat pliant pentru un alt oaspete.

Acesta este pătucul copilului.

Avem apă caldă în permanenţă.

Nu aveţi o cameră de lucru (un birou)?

Îngrijiţi mult grădina? (Vă ocupaţi mult de grădină?)

Este aşa de curată şi îngrijită.

Iarba trebuie tăiată cu regularitate.

Se înţelege că nu m-aş descurca fără ajutorul soţiei.

Soţia de obicei udă florile.

Cred că trandafirii vor înflori foarte curînd.

---

trimitetsi dupə un muñə tʃitor sə vil repare.

kîte kamere sînt la etaz?

atʃesta jeste un dormitor mik pentru waspetsı.

kum və platʃe shifonierul atʃesta?

tʃe masə de toaletə frumwasə avetsi!

kamera atʃasta pare fwarte konfortabilə.

dekoratsia interiwarə a fost terminatə de kurînd.

jatə un divan, pəturi de lînə shi perne.

mai putem pune shi un pat pliant pentru un alt waspete.

atʃesta jeste pətukul kopilului.

avem apə kaldə în permanentsə.

nu avetsi o kamerə de lukru (un birou)?

îngrizitsi mult grədina? (və okupatsi mult de grədinə?)

jeste asha de kuratə shi îngrizitə.

jarba trebuje təjatə ku regularitate.

se întseledze kə nu mash deskurka fərə azutorul sotsıei.

sotsia de obitʃei udə florile.

kred kə trandafirii vor înflori fwarte kurînd,

There are some beautiful flower beds over there, at the hedge.	Sînt niște straturi cu flori frumoase acolo lîngă gard.	sînt *nishte* straturi ku flori frumwase akolo lîngə gard.
Do you grow vegetables in your garden as well?	Cultivați și legume în grădină?	kultiv*a*tsi shi leg*u*me în grəd*i*nə?
No, the garden is too shady.	Nu, deoarece este prea multă umbră în grădină.	nu, dewaret*ʃe* jeste prea m*u*ltə *u*mbrə în grədinə.
We'll have that tree cut down first.	Mai întîi va trebui să tăiem copacul acela.	mai întîi va trebu*i* sə təjem kop*a*kul at*ʃe*la.
This is the shed where I keep my garden-tools: spades, hoes, rakes, shears, and the wheelbarrow.	Aceasta este magazia unde țin uneltele de grădină: sape (cazmale), săpăligi, greble, foarfece și roaba.	at*ʃa*sta jeste magaz*i*a *u*nde tsin un*e*ltele de grəd*i*nə: sape (kazm*a*le), səpəlidʒi, greble, fwarfet*ʃe* shi rwaba.
How does your wife manage all the housework?	Cum se descarcă soția dvs. singură cu menajul?	kum se desk*u*rkə sots*i*a dumneavwastrə s*i*ngurə ku menaʒul?
Sometimes, I ask my sister to help my wife to do the washing.	Uneori o rog pe sorămea să o ajute pe soție la spălat.	uneori o rog pe sorəmea sə o aʒute pe sots*i*e la spəlat.
I myself do some little repairs in the house, once in a while.	Din cînd în cînd mai repar și eu cîte ceva în casă.	din kînd în kînd mai repar shi jeu k*î*te t*ʃe*va în kasə.

AMUSEMENTS, PASTIMES	DISTRACȚII, OCUPAȚII ÎN TIMPUL LIBER	distr*a*ktsii, okupatsii în t*i*mpul l*i*ber

General Expressions	Expresii generale	ekspresii dʒenerale
What do you do in your spare time?	Ce faceți în timpul liber?	t*ʃe* fat*ʃe*tsi în t*i*mpul l*i*ber?
I'm rather fond of walking.	Îmi place să mă plimb.	*î*mi plat*ʃe* sə mə plimb.
My wife loves cooking.	Soției mele îi place să gătească.	sots*i*ei mele îi plat*ʃe* sə gəteaskə.

117

My friend is a stamp collector.	Prietenul meu colecţionează timbre.	prietenul meu kolektsio-neazə timbre.
Do you like working about the house?	Vă place să lucraţi pe lîngă casă?	və platʃe sə lukratsi pe lîngə kasə?
My sister is very fond of knitting.	Sorei mele îi place să croşeteze.	sorei mele îi platʃe sə krosheteze.
We enjoy entertaining guests.	Nouă ne place să primim musafiri.	nowə ne platʃe sə primim musafiri.
I am a movie fan.	Eu sînt mare amator de filme.	jeu sînt mare amator de filme.
Do you often go to the concert/theatre/opera?	Mergeţi des la concert/teatru/operă?	merdʒetsi des la kon-tʃert/teatru/operə?
Would you like to go out for a walk?	Aţi vrea să faceţi o plimbare?	atsi vrea sə fatʃetsi o plimbare?
It will do me a lot of good.	O să-mi facă bine.	o səmi fakə bine.
Where could we spend this evening?	Unde ne-am putea petrece seara?	unde neam putea petretʃe seara?
Where you like, I don't mind.	Unde vreţi, mi-este indiferent.	unde vretsi, mjeste indiferent.
What kind of entertainments are there to choose from?	Ce posibilităţi de distracţie există?	tʃe posibilitətsi de distraktsie egzistə?
I'd rather stay at home and write some letters.	Prefer să stau acasă şi să scriu nişte scrisori.	prefer sə stau akasə shi sə skriu nishte skrisori.
See you tonight, then.	Ne vedem deseară, atunci.	ne vedem desearə, a-tuntʃi.

Cinema	**Cinema**	**tʃinema**
What are you going to do tonight?	Ce faceţi deseară?	tʃe fatʃetsi dedearə?
I want to go to the pictures (cinema).	Vreau să merg la film (cinema).	vreau sə merg la film (tʃinema).
Would you like to come with me?	Vreţi să mergeţi cu mine?	vretsi sə merdʒetsi ku mine?
You haven't anything on this evening, have you?	Nu aveţi nici un program deseară, nu-i aşa?	nu avetsi nitʃiun program desearə, nui asha?
I'd be glad to join you.	Mi-ar face plăcere să vă însoţesc.	miar fatʃe plətʃere sə və însotsɛsk.

118

Where shall we go?	Unde mergem?	unde merdʒem?
Do you know what's on at the pictures?	Știți ce film este?	shtitsi tʃe film jeste?
Where is it showing now?	Unde rulează acum?	unde ruleazɔ akum?
It should be in the paper. Here we are.	Trebuie să scrie în ziar. Iată.	trebuje sɔ skrie în ziar. jatɔ.
There's another picture on we might see.	Mai este un film pe care l-am putea vedea.	mai jeste un film pe kare lam putea vedea.
It's a French tehnicolour picture.	Este un film francez tehnicolor.	jeste un film frantʃez tehnikolor.
Is it subtitled/dubbed in Romanian?	Este tradus/dublat în românește?	jeste tradus/dublat în romîneshte?
Is it a comedy?	Este o comedie?	jeste o komedie?
I would like to see one of these new cinemascope pictures with stereophonic sound.	Aș vrea să văd unul din noile filme stereofonice în cinemascop.	ash vrea sɔ vɔd unul din noile filme stereofonitʃe în tʃinemaskop.
Do you like cartoons?	Vă plac desenele animate?	vɔ plak ʒesenele animate?
I like :	Îmi plac :	îmi plak :
— feature films	— filmele artistice	— filmele artistitʃe
— thrillers (whodunits)	— filmele polițiste	— filmele politsiste
— Westerns	— westernurile (filmele cu cowboy)	— westernurile (filmele ku kauboi)
— travelogues	— filmele de călătorie	— filmele de kɔlɔtorie
— cloak and dagger films	— filmele de capă și spadă	— filmele de kapɔ shi spadɔ
— documentary films	— filmele documentare	— filmele dokumentare
The other day I saw one of the early silent/sound films.	Deunăzi am văzut un fil n mut/soror vechi.	deunɔzi am vɔzut un film mut/sonor veki.
I really enjoyed it.	Mi-a plăcut foarte mult.	mia plɔkut fwarte mult.
Let's see that historical film you were talking about yesterday.	Să vedem filmul istoric despre care vorbeați ieri.	sɔ vedem filmul istorik despre kare vorbeatsi jeri.
This picture has been a real success.	Acest film are mare succes.	atʃest film are mare suktʃes.
It has got an award at the Cannes Festival.	A primit un premiu la festivalul de la Cannes.	a primit un premju la festivalul de la kan.

119

All tickets are sold out.	Nu mai sînt bilete.	nu mai sînt bilete.
There are only seats in the frontrows left.	Nu mai sînt bilete decît în rîndurile din faţă.	nu mai sînt bilete dekît în rîndurile din fatsə.
Any cheap seats left?	Mai sînt locuri ieftine?	mai sînt lokuri jeftine?
We'll take some cheap seats.	Vom lua nişte bilete ieftine.	vom lwa nishte bilete jeftine.
We are too late for the good seats.	Am întîrziat prea mult ca să mai găsim locuri bune.	am întîrziat prea mult ka sə mai gəsim lokuri bune.
Who is the director of this picture?	Cine este regizorul acestui film?	tʃine jeste redʒizorul atʃestui film?
The screen-play is by	Scenariul aparţine lui ...	stʃenariul apartsine lui ...
It's based on the famous novel by....	Este inspirat după celebrul roman al lui....	jeste inspirat dupə tʃelebrul roman al lui....
Is there any newsreel today?	Astăzi şe prezintă vreun jurnal de actualităţi?	astəzi se prezintə vreun ʒurnal de aktwalitətsi?
How long will the show last?	Cît durează filmul?	kît dureazə filmul?
The show will last about three hours.	Spectacolul durează aproape trei ore.	spektakolul dureazə aprwape trei ore.

Theatre	Teatru	teatru
Is there any good play on you could recommend?	Se joacă vreo piesă pe care mi-aţi putea-o recomanda?	se ʒwakə vreo piesə pe kare mjatsi puteao rekomanda?
Let's both go and see the play.	Să mergem amîndoi să vedem piesa.	sə merdʒem amîndoi sə vedem piesa.
Which performance shall we go to?	La care spectacol mergem?	la kare spektakol merdʒem?
I'll try to get seats reserved for the evening performance.	Voi încerca să obţin bilete pentru spectacolul de seară.	voi întʃerka sə obtsin bilete pentru spektakolul de searə.
As far as I know all seats are bookable in advance.	După cîte ştiu biletele se pot cumpăra dinainte.	dupə kîte shtiu biletele se pot kumpəra dinainte.
Let's take tickets for the orchestra stalls/ the box/the dress circle.	Să luăm bilete pentru fotoliul de orchestră /lojă/balcon,	sə lwəm bilete pentru fotoliul de orkestrə /loʒə/balkon,

120

English	Romanian	Pronunciation
Leave your coat in the cloak-room.	Lăsaţi-vă haina la garderobă.	lәsatsivә haina la garderobә.
I want a programme/ a pair of opera glasses, please.	Vreau un program/un binoclu.	vreau un program/un binoklu.
The curtain is up.	Cortina s-a ridicat.	kortina sa ridikat.
There will be an interval after the second act.	După actul doi va fi o pauză.	dupә aktul doi va fi o pauzә.
Where does the action of the play take place?	Unde are loc acţiunea piesei?	unde are lok aktsiunea piesei?
The scenery and costumes have been designed by....	Decorurile şi costumele aparţin lui....	dekorurile shi kostumele apartsin lui....
Are there any well-known actors taking part in this play?	Este vreun nume cunoscut printre interpreţii acestei piese?	jeste vreun nume kunoskut printre interpretsii atʃestei piese?
A. is one of our leading actors/actresses.	A. este unul dintre actorii noştri/una dintre actriţele noastre de frunte.	A. jeste unul dintre aktorii noshtri/una dintre aktritsele nwastre de frunte.
Who plays the part of...?	Cine interpretează (joacă) rolul lui...?	tʃine interpreteazә (ʒwakә) rolul lui...?
The cast is really unusual.	Distribuţia este cu totul deosebită.	distributsia jeste ku totul deosebitә.
This play has had almost 10 months of successful running (on the stage).	Această piesă ţine scena (se joacă) cu succes de aproape zece luni.	atʃastә piesә tsine stʃena (se ʒwakә) ku suktʃes de aprwape zetʃe luni.
When will be the first night of the play?	Cînd va avea loc premiera piesei?	kînd va avea lok premiera piesei?
There's an open-air performance in a park.	Într-un parc are loc un spectacol în aer liber.	întrun park are lok un spektakol în aer liber.
Do you care to see it?	Vreţi să-l vedeţi?	vretsi sәl vedetsi?

Music. Opera, Concert — Muzică. Operă, concert — muzikә. operә, kontʃert

English	Romanian	Pronunciation
Do you like music?	Vă place muzica?	vә platʃe muzika?
I am a great lover of music.	Muzica mă pasionează.	muzika mә pasioneazә.
Do you play any instrument?	Ştiţi să cîntaţi la vreun instrument?	shtitsi sә kîntatsi la vreun instrument?

I used to play the piano/violin/trumpet/ flute when I was younger.	Cînd eram mai tînăr cîntam la pian/vioară trompetă/flaut.	kînd jeram mai tînər kîntam la pian/viwarə/trompetə/flaut.
Who is your favourite composer?	Care este compozitorul dvs. preferat?	kare jeste kompozitorul dumneavwastrə preferat?
I only like chamber/ classical/symphonic/ modern music.	Îmi place numai muzica de cameră/clasică/ simfonică/modernă.	îmi platʃe numai muzika de kamerə/klasikə/ simfonikə/modernə.
What's on at the opera tonight?	Ce este deseară la operă?	tʃe jeste deseara la operə?
Are the seats at the opera very expensive?	Sînt scumpe biletele la operă?	sînt skumpe biletele la operə?
What's on the programme?	Ce cuprinde programul?	tʃe kuprinde programul?
Who is conducting (the conductor)?	Cine dirijează?	tʃine diriʒazə?
Who is the soloist? (Who plays the solo part?)	Cine este solist?	tʃine jeste solist?
Did you hear the Beethoven concert last week?	Aţi ascultat concertul Beethoven de săptămîna trecută?	atsi askultat kontʃertul betovən de səptəmîna trekutə?
It was an excellent performance of the Coriolan Overture.	A fost un spectacol remarcabil cu uvertura Coriolan.	a fost un spektakol remarkabil ku uvertura Coriolan.
Did you like the way ... played?	V-a plăcut cum a cîntat...?	va pləkut, kum a kîntat...?
He is one of the greatest living musicians.	El este unul dintre cei mai mari muzicieni în viaţă.	jel jeste unul dintre tʃei mai mari muzitʃieni în vjatsə.
His last great work/opera has won world fame.	Ultima sa lucrare/operă a devenit celebră în lumea întreagă.	ultima sa lukrare/operə a devenit tʃelebrə în lumea întreagə.
I want to go to the next recital of Schubert's lieder.	Vreau să merg la viitorul recital de lieduri de Schubert.	vreau sə merg la viitorul retʃital de liduri de ʃubert.
A famous string-quartet from... will be giving a concert tomorrow.	Un celebru cvartet de coarde din... va da un concert mîine.	un tʃelebru kwartet de kwarde din... va da un kontʃert mîine.

122

Do you like jazz?	Vă place jazul?	və platʃe dʒazul?
I prefer light music to classical music.	Prefer muzica uşoară celei clasice.	prefər muzika ushwarə tʃəlei klasitʃe.
I don't like vocal music/ choral music.	Nu-mi place muzica vocală/corală.	numi platʃe muzika vokalə/koralə.
I go to the concert every week.	Merg în fiecare săptă- mînă la concert.	merg în fiekare səptə- mînə la kontʃert.

Dancing   Dansul   dansul

I'm going to a dance tonight.	Deseară mă duc la dans.	deseara mə duk la dans.
I want to invite my girl-friend to a dance.	Vreau s-o invit pe prie- tena mea la dans.	vreau so invit pe prie- tena mea la dans.
She loves dancing.	Ei îi place foarte mult dansul.	jei îi platʃe fwarte mult dansul.
Can you dance? (Do you dance?)	Ştiţi să dansaţi?	shtitsi sə dansatsi?
May I ask you to this dance? (May I have this dance?)	Pot să vă invit la dans? (Îmi puteţi acorda acest dans?)	pot sə və invit la dans? (îmi putetsi akorda atʃest dans?)
Certainly.	Desigur.	desigur.
Sorry, I must refuse. I already have a partner.	Regret, trebuie să vă refuz. Am partener.	regret, trebuje sə və refuz. am partener.
I'm tired, I want to sit out this dance.	Sînt obosită, vreau să mă odihnesc dansul acesta.	sînt obositə, vreau sə mə odihnesk dansul atʃesta.
I don't like waltzing.	Nu-mi place valsul.	numi platʃe valsul.
You don't keep time to the music.	Nu dansaţi în ritm.	nu dansatsi în ritm.
I'm not much of a dancer.	Nu mă prea pricep la dans.	nu mə prea pritʃep la dans.
I'm sorry, I stepped on your toe.	Scuzaţi, v-am călcat pe picior.	skuzatsi, vam kəlkat pe pitʃor.
The band is too noisy/ slow, isn't it?	Orchestra este prea zgo- motoasă/monotonă, nu-i aşa?	orkestra jeste prea zgo- motwasə/monotonə nui asha?
Did you enjoy this dance?	V-a plăcut dansul aces- ta?	va pləkut dansul a- tʃesta?

123

| Which is your favourite dance? | Care este dansul dvs. preferat? | kare jeste dansul dumneavwastrə preferat? |
| May I see you home after the dance? | Pot să vă însoțesc acasă după dans? | pot sə və însotsesk acasə dupə dans? |

Museums and Exhibitions

Muzee și expoziții

muzee shi ekspozitsii

I want to see the museums and exhibitions of the town.	Vreau să văd muzeele și expozițiile orașului.	vreau sə vəd muzeele shi ekspozitsiile orashului.
I should like to have a guide.	Aş dori un ghid (însoțitor).	ash dori un gid (însotsitor).
Are you interested in early/modern Romanian art?	Vă interesează arta românească veche/modernă?	və intereseazə arta mîneaskə veke/modernə?
You should also see the Village Museum/ the Folk Art Museum.	Trebuie să vedeți și Muzeul satului/Muzeul de artă populară.	trebuje sə vedetsi shi muzeul satului/muzeul de artə popularə.
Are you interested in painting/engraving/ sculpture?	Vă interesează pictura/ gravura/sculptura?	və intereseazə piktura/ gravura/skulptura?
We want to visit the Museum of Natural Sciences.	Vrem să vizităm Muzeul de științe naturale.	vrem sə vizitəm muzeul de shtiintse naturale.
When is the National Art Gallery open?	Cînd este deschisă Galeria națională de artă?	kînd jeste deskisə galeria natsionalə de artə?
What pictures are there in this museum/gallery?	Ce tablouri se găsesc în acest muzeu/această galerie?	tfe tablouri se gəsesk în atfest muzeu/atfastə galerie?
Is this a copy?	Aceasta este o copie?	atfasta jeste o kopie?
Who painted this picture?	Cine a pictat pînza aceasta?	tfine a piktat pînza atfasta?
Do you like non-representational painting?	Vă place pictura non-figurativă?	və platfe piktura non-figurativə?
Is this museum open daily?	Muzeul acesta este deschis zilnic?	muzeul atfesta jeste deskis zilnik?

124

Where can I obtain reproductions of the pictures?	De unde pot lua reproduceri după tablouri?	de *u*nde pot lwa reprod*u*t*ʃ*eri d*u*p*ə* tabl*o*uri?
Whose portrait is that?	Al cui este portretul acela?	al kui j*e*ste portr*e*tul at*ʃe*la?
The exhibition has just opened.	Expoziţia tocmai s-a deschis.	ekspoz*i*tsia t*o*kmai sa desk*i*s.
What are the best times to visit?	Care sînt orele cele mai potrivite de vizitare?	k*a*re sînt *o*rele t*ʃe*le mai potriv*i*te de vizitare?
Where is the room of West-European painting?	Unde este sala de pictură vesteuropeană?	*u*nde j*e*ste s*a*la de pikt*u*r*ə* vesteuropean*ə*?
What books has this artist illustrated?	Ce cărţi a ilustrat acest artist?	t*ʃe* k*ə*rtsi a ilustr*a*t at*ʃe*st art*i*st?
Is this a permanent exhibition?	Aceasta este o expoziţie permanentă?	at*ʃa*sta j*e*ste o ekspozitsie permanent*ə*?
Is admission free?	Intrarea este liberă?	intrarea j*e*ste l*i*ber*ə*?
My friend is having a one-man exhibition.	Prietenul meu a deschis o expoziţie personală.	pri*e*tenul meu a desk*i*s o ekspoz*i*tsie person*a*l*ə*.

Radio and Television — Radioul şi televiziunea — radioul shi televizi*u*nea

Are you a wireless fan?	Sînteţi pasionat după radio?	sîntetsi pasion*a*t d*u*p*ə* radio?
Do you have a portable transistor set (receiver)?	Aveţi un aparat de radio cu tranzistori portabil?	av*e*tsi un apar*a*t de radio ku tranzist*o*ri port*a*bil?
Yes, it is operated by battery.	Da, funcţionează cu baterii.	da, funktsionez*ə* ku bater*i*i.
Unfortunately I don't get anything beyond the local stations.	Din păcate nu prind decît posturile locale.	din p*ə*k*a*te nu prind dek*î*t posturile lok*a*le.
Reception is rather poor /quite good.	Recepţia este cam slabă/destul de bună.	ret*ʃe*ptsia j*e*ste kam slab*ə*/dest*u*l de b*u*n*ə*.
The sound is not clear enough.	Sunetul nu este prea clar.	s*u*netul nu j*e*ste prea klar.
My big six-valve set is out of order.	Aparatul meu cu şase lămpi este defect.	apar*a*tul meu ku sh*a*se l*ə*mpi j*e*ste def*e*kt.
A valve seems to be faulty.	Se pare că s-a defectat o lampă.	se pare k*ə* sa def*e*kt*a*t o lamp*ə*.

125

English	Romanian	Pronunciation
Do you need an aerial?	Aveţi nevoie de antenă?	avetsi nevoje de antenɔ?
It's quite a powerful set.	Este un aparat foarte puternic.	jeste un aparat fwarte puternik.
Sometimes I can even get overseas stations on the short/medium /long wave-band.	Uneori prind şi posturi străine pe unde scurte/medii/lungi.	uneori prind shi posturi strɔine pe unde skurte/medii/lundʒi.
I have missed the news/weather-report today.	Azi am pierdut buletinul de ştiri/buletinul meteorologic.	azi am pierdut buletinul de shtiri/buletinul meteorolodʒik.
Shall I turn on/off the radio?	Să deschid/închid radioul?	sɔ deskid/înkid radioul?
Do you want to listen to the news/to listen in?	Vreţi să ascultaţi ştirile/să ascultaţi radioul?	vretsi sɔ askultatsi shtirile/sɔ askultatsi radioul?
Tune in to the station.	Prindeţi postul.	prindetsi postul.
Radio Bucharest broadcasts on a different wave-length.	Radio Bucureşti transmite pe o altă lungime de undă.	radio bukureshti transmite pe o altɔ lundʒime de undɔ.
Is the magic eye all right?	Ochiul magic funcţionează?	okiul madʒik funktsioneazɔ?
Turn the sound down. (Turn it down.)	Daţi mai încet. (Reduceţi volumul.)	datsi mai întʃet. (redutʃetsi volumul.)
It's too loud. It will annoy the neighbours.	Este prea tare. Îi deranjează pe vecini.	jeste prea tare. îi ranʒazɔ pe vetʃini.
That's the time signal.	Acesta este semnalul care dă ora exactă.	atʃesta jeste semnalul kare dɔ ora egzaktɔ.
Did you listen to that interesting sports commentary?	Aţi ascultat comentariul acela sportiv interesant?	atsi askultat komentarjul atʃela sportiv interesant?
It was on the radio last night.	S-a transmis aseară la radio.	sa transmis asearɔ la radio.
What's on on the wireless tonight?	Ce se transmite la radio deseară?	tʃe se transmite la radio desearɔ?
Can you turn on to some dance-music?	Puteţi să prindeţi muzică de dans?	putetsi sɔ prindetsi muzikɔ de dans?
A programme of light music will be broadcast.	Se va transmite un program de muzică uşoară.	se va transmite un program de muzikɔ ushwarɔ.
I've got a new record-player.	Am un picup nou.	am un pikup nou.

Shall I put on one of these records (disks)?	Să pun unul din aceste discuri?	sɔ pun unui din atʃeste dískuri?
Let's listen to some records.	Să ascultăm niște discuri (plăci).	sɔ askultɔm nishte dískuri (plɔtʃi).
I want to buy a television set.	Vreau să cumpăr un televizor.	vreau sɔ kumpɔr un televizor.
What are the best television sets at present?	Care sînt cele mai bune televizoare pe piață?	kare sînt tʃele mai bune televizware pe pjatsɔ?
What's the size of the screen?	Ce dimensiuni are ecranul?	tʃe dimensiuni are ekranul?
What's on on the television tonight?	Ce se transmite la televizor deseară?	tʃe se transmite la televizor desearɔ?
Did you look in last night?	V-ați uitat la televizor aseară?	vatsi uitat la televizor asearɔ?
No, I didn't.	Nu, nu m-am uitat.	nu, nu mam uitat.
It distracts me from reading.	Mă sustrage de la citit.	mɔ sustradʒe de la tʃitit.
I must say that I am a regular viewer of our television programmes.	Trebuie să spun că mă uit zilnic la programele noastre de televiziune.	trebuje sɔ spun kɔ mɔ uit zilnik la programele nwastre de televiziune.
I particularly like the television transmissions on Saturday.	Îmi plac îndeosebi transmisiunile de sîmbătă la televizor.	ími plak îndeosebi transmisiunile de sîmbɔtɔ la televizor.
My radio set/TV set has broken down.	Aparatul meu de radio/televizorul meu s-a defectat.	aparatul meu de radio/televizorul meu sa defektat.
I must get my set mended.	Trebuie să-mi duc aparatul la reparat.	trebuje sɔmi duk aparatul la reparat.
What make is this radio set/television set?	Ce marcă este acest aparat de radio/televizor?	tʃe markɔ jeste atʃest aparat de radio/televizor?

Taking Pictures · Fotografia · fotografia

I have a first class camera.	Am un aparat de fotografiat foarte bun.	am un aparat de fotografiat fwarte bun.
Can we take pictures here?	Se poate fotografia aici?	se pwate fotografia aitʃi?
May I make a snap of you?	Pot să vă fotografiez?	pot sɔ vɔ fotografiez?

127

No, I photograph badly.	Nu, eu nu sînt fotogenic.	nu, jeu nu sînt fotoʒenik.
My friend photographs well (she has a photogenic face).	Prietena mea este fotogenică.	prietena mea jeste fotoʒenikə.
Did you take any pictures in the town?	Aţi făcut poze în oraş?	atsi fəkut poze în orash?
I made a lot of snaps of the town.	Am făcut o mulţime de poze în oraş.	am fəkut o multsime de poze în orash.
I've run short of film.	Mi s-a terminat filmul.	mi sa terminat filmul.
I want to get this film developed and enlarged.	Vreau ca acest film să fie developat şi mărit.	vreau ka atʃest film sə fie developat shi mərit.
What make is your camera?	Ce marcă este aparatul dvs. de fotografiat?	tʃe markə jeste aparatul dumneavwastrə de fotografiat?
Smile, please!	Zimbiţi, vă rog!	zîmbitsi, və rog!

Going on a Trip | În excursie | în ekskursie

What places do you advise me to visit?	Ce locuri mă sfătuiţi să vizitez?	tʃe lokuri mə sfətuitsi sə vizitez?
When does the tourist season begin in your country?	Cînd începe sezonul turistic în ţara dvs.?	kînd întʃepe sezonul turistik în tsara dumneavwastrə?
The National Travel Office runs trips to the mountains/seaside /health resorts.	Oficiul Naţional de Turism organizează excursii la munte/mare/ în staţiunile de odihnă.	ofitʃul natsional de turism organizeazə ekskursii la munte/mare/ în statsiunile de o-dihnə.
If you're keen on skiing and climbing you should go to Predeal or other mountain resorts.	Dacă vă interesează să schiaţi şi să faceţi alpinism mergeţi la Predeal sau altă staţiune de munte.	dakə və intereseazə sə skiatsi shi sə fatʃetsi alpinism merdʒetsi la predeal sau altə statsiune de munte.
My friend is planning to climb a mountain today.	Prietenul meu intenţionează să urce astăzi pe munte.	prietenul meu intentsioneqzə sə urtʃe astəzi pe munte.
Can we spend the night at a motel/in a hut?	Putem petrece noaptea la un motel/o cabană?	putem petretʃe nwaptea la un motel/o kabanə?
There are also facilities for camping.	Există şi posibilităţi de camping.	egzistə shi posibilitətsi de kamping.

128

How far do you think we can get in one day?	Cît de departe credeți că ajungem într-o zi?	kít de departe kredetsi kə aʒundʒem íntro zi?
I love the mountains/the sea.	Eu iubesc foarte mult munții/marea.	jeu jubesk fwarte mult muntsii/marea.
Are there any ancient monuments/archaeological sites/fortresses on our way?	Există vreun monument vechi/vreun șantier arheologic/vreo fortăreață pe această rută?	egzistə vreun monumɛnt veki/vreun shantiɛr arheolodʒik/vreo fortəreatsə pe atʃastə rutə?
Do you like the scenery?	Vă place peisajul?	və platʃe peisaʒul?
He's an avid sightseer. Are you interested in the Carpathian flora/fauna?	El ține să vadă totul. Vă interesează flora/fauna carpatină?	jel tsine sə vadə totul. və intereseazə flora/fauna karpatinə?
How does one get to the Făgăraș mountains?	Cum se ajunge în munții Făgăraș?	kum se aʒundʒe ín muntsii fəgərash?
You can drive as far as the village of....	Puteți merge cu mașina pînă în satul....	Putɛtsi merdʒe ku mashina pínə ín satul..
Which way do we go?	Încotro mergem?	ínkotro merdʒem?
I visited a new town last week.	Săptămîna trecută am vizitat un oraș nou.	səptəmína trekutə am vizitat un orash nou.
We should like to spend a few days at a spa.	Am vrea să petrecem cîteva zile la o stațiune termală.	am vrea sə petrɛtʃem kíteva zile la o statsiune termalə.
At what resort are there sulphur springs?	Ce stațiune are izvoare sulfuroase?	tʃe statsiune are izvware sulfuroase?
At what resorts can one obtain mud treatment?	În ce stațiune se poate face tratament cu nămol?	ín tʃe statsiune se pwate fatʃe tratamɛnt ku nəmol?
My wife would like to sun-bathe/to do thalasso-therapy.	Soția mea ar vrea să facă băi de soare/ să facă talasoterapie.	sotsia mea ar vrea sə fakə bəi de sware/sə fakə talasoterapie.
I'm looking forward to going to the seaside.	Abia aștept să merg la mare.	abia ashtɛpt sə merg la mare.
Do many tourists go to the seacoast?	Merg mulți turiști la mare?	merg multsi turishti la mare?
Which seaside place would you recommend?	Ce stațiune de pe litoral mi-ați recomanda?	tʃe statsiune de pe litoral miatsi rekomanda?
Which part of the beach do you like best?	Care parte a plajei vă place cel mai mult?	kare parte a plaʒei və platʃe tʃel mai mult?

Do you think we can go to the top of the cliff?	Credeți că putem urca pe faleză?	kredetsi kə putem urka pe falezə?
Is this health resort open all the year round?	Stațiunea aceasta climaterică este deschisă tot anul?	statsiunea atʃasta klimaterikə jeste deskisə tot anul?
No bathing today, I'm afraid.	Mă tem că astăzi nu se poate face baie.	mə tem kə astəzi nu se pwate fatʃe baje.
I'd like to go to the Delta some day.	Aş vrea să merg într-o zi în deltă.	ash vrea sə merg întro zi în deltə.
Have you driven all the way?	Ați venit cu maşina tot drumul?	atsi venit ku mashina tot drumul?
You shouldn't miss seeing the painted monasteries of Moldavia.	Trebuie să vedeți neapărat mănăstirile cu fresce din Moldova.	trebuje sə vedetsi neapərat mənəstirile ku frestʃe din moldova.
I'm going on a coach tour round the country.	Mă duc într-o călătorie cu autocarul prin țară.	mə duk întro kələtorie ku autokarul prin tsarə.
How long does this tour take?	Cît (timp) durează călătoria?	kît (timp) dureazə kələtoria?
It's a two-day trip.	Călătoria durează două zile.	kələtoria dureazə dowə zile.
What does the trip start with?	Cu ce începe călătoria?	ku tʃe întʃepe kələtoria?
The coach leaves from the centre of the city.	Autocarul pleacă din centrul oraşului.	autokarul pleakə din tʃentrul orashului.
What else is there to see?	Ce mai e de văzut?	tʃe mai je de vəzut?
Who else would like to come with us?	Cine vrea să mai vină cu noi?	tʃine vrea sə mai vinə ku noi?

EDUCATION AND SCIENTIFIC RESEARCH	ÎNVĂȚĂMÎNTUL ŞI CERCETAREA ŞTIINȚIFICĂ	învətsəmîntul shi tʃertʃetarea shtiintsifikə
General Expressions	**Expresii generale**	ekspresii dʒenerale
I'm interested in the system of education of your country.	Mă interesează sistemul de învățămînt din țara dvs.	mə intereseazə sistemul de învətsəmînt din tsara dumneavwastrə.

130

English	Romanian	Pronunciation
I should like to visit a primary school/a university.	Aş vrea să vizitez o şcoală primară/o universitate.	ash vrea sə vizitez o shkwalə primarə/o universitate.
How many years are spent on secondary /higher education?	Cîţi ani durează învăţămîntul secundar/ superior?	kîtsi ani dureazə învə-tsəmîntul sekundar/ superior?
When does the academic (school) year begin/end?	Cînd începe/se termină anul şcolar?	kînd întʃepe/se terminə anul shkolar?
What's your subject? (What are you reading?)	Ce studiaţi?	tʃe studiatsi?
Have you attended university?	Aţi studiat la universitate?	atsi studiat la universitate?
What subjects are taught in the primary/ secondary school?	Ce materii se predau în şcoala primară/se-cundară?	tʃe materii se predau în shkwala primarə/ sekundarə?
How many pupils are there in a class?	Cîţi elevi sînt într-o clasă?	kîtsi elevi sînt întro klasə?
Do you also provide for evening classes/extra-mural education?	Există cursuri serale/ fără frecvenţă?	egzistə kursari serale/ fərə frekventsə?
How many students are there in your country?	Cîţi studenţi numără ţara dvs.?	kîtsi studentsi numərə tsara dumneavwas-trə?
What time are the lessons/lectures?	La ce oră se ţin lec-ţiile/cursurile?	la tʃe orə se tsîn lek-tsiile/kursurile?
How large is the staff?	Cîte cadre didactice aveţi?	kîte kadre didaktitʃe avetsi?
How many students/ pupils receive grants?	Cîţi studenţi/elevi primesc bursă?	kîtsi studentsi/elevi primesk bursə?
What is the oldest university in this country?	Care este cea mai veche universitate din ţara dvs.?	kare jeste tʃa mai veke universitate din tsara dumneavwastrə?

Primary/Secondary School	Şcoala primară/ secundară	shkwala primarə/ sekundarə
Is primary/secondary education compulsory in your country?	În ţara dvs. învăţă-mîntul primar/secun-dar este obligatoriu?	în tsara dumneavwastrə învətsəmîntul primar/ sekundar jeste obliga-toriu?

131

Children are sent to Primary Schools at the age of 7.	Copiii merg la şcoala primară la vîrsta de şapte ani.	kopiii merg la shkwala primarə la vîrsta de shapte ani.
They remain at school till they are 18 years old.	Ei învaţă la şcoală pînă la vîrsta de 18 ani.	jei învatsə la shkwalə pînə la vîrsta de optsprezetʃe ani.
Do children have to take an examination at the end of the primary stage?	Elevii trebuie să dea un examen la sfîr-şitul şcolii primare?	elevii trebuje sə dea un egzamen la sfîr-shitul shkolii pri-mare?
There are certain requirements one has to come up to.	Se cer anumite condiţii ce trebuie satisfăcute.	se tʃer anumite kon-ditsii tʃe trebuje sa-tisfəkute.
Are there many boarding schools in your country?	Sînt multe şcoli cu internat în ţara dvs.?	sînt multe shkoli ku internat în tsara dum-neavwastrə?
What are the fees at schools?	Ce taxe şcolare se plă-tesc?	tʃe takse shkolare se plətesk?
In this country primary and secondary education is free and compulsory.	În ţara noastră învăţă-mîntul primar şi se-cundar este gratuit şi obligatoriu.	în tsara nwastrə învə-tsəmîntul primar shi sekundar jeste gratuit shi obligatorju.
Do you have mixed schools?	Aveţi şcoli mixte?	avetsi shkoli mikste?
There are morning and afternoon classes at our school.	La şcoala noastră se ţin cursuri şi dimi-neaţa şi după amiaza.	la shkwala nwastrə tsin kursuri shi dimi-neatsa shi după a-miaza.
When does school break up?	Cînd se întrerup cursu-rile?	kînd se întrerup kursu-rile?
Are there any subjects you are specially interested in?	Vă interesează vreo dis-ciplină în mod deo-sebit?	və intereseazə vreo dis-tʃiplinə în mod deo-sebit?
I'm rather fond of chemistry/physics.	Îmi place chimia/fizica.	îmi platʃe kimia/fizika.
I admit I am rather poor/quite good at Romanian and French.	Trebuie să spun că nu sînt prea tare/sînt destul de tare la română şi la franceză.	trebuje sə spun kə nu sînt prea tare/sînt destul de tare la romînə shi la fran-tʃezə.
English and Latin are compulsory subjects at our school.	Engleza şi latina sînt discipline obligatorii la şcoala noastră.	engleza shi latina sînt distʃipline obligatorii la shkwala nwastrə,

132

English	Romanian	Pronunciation
Are there any optional subjects taught in your school?	În şcoala dvs. se predă vreo disciplină facultativă?	în shkwala dumneavwastrə se predə vreo distʃiplinə fakultativə?
Does the curriculum include foreign languages?	Programa de învăţămînt prevede limbi străine?	programa de învətsə-mînt prevede limbi strəine?
Some pupils specialize in Arts (Humanities), others in science.	Unii elevi se specializează în ştiinţe umanistice, alţii în ştiinţe exacte.	unii elevi se spetʃializeazə în shtiintse u-manistitʃe, altsii în shtiintse egzakte.
I have to prepare for my final examination very soon.	Curînd trebuie să mă pregătesc pentru examenul de absolvire.	kurînd trebuje sə mə pregətesk pentru egzamenul de absolvire.
I hope you'll do well in the examination.	Vă doresc succes la examen.	və doresk suktʃes la egzamen.
My son has good marks in nearly every subject.	Fiul meu are note bune aproape la toate disciplinele.	fiul meu are note bune aprwape la twate distʃiplinele.
Do many pupils enter vocational training?	Intră mulţi elevi în şcolile profesionale?	intrə multsi elevi în shkolile profesionale?

University / Universitatea / universitatea

English	Romanian	Pronunciation
When did you pass your university entrance examination?	Cînd aţi trecut examenul de admitere la universitate?	kînd atsi trekut egzamenul de admitere la universitate?
What's your subject? (What are you reading?)	Ce studiaţi?	tʃe studiatsi?
I'm reading mathematics.	Studiez matematica.	studiez matematika.
He's been refused admission.	El nu a fost admis (la universitate).	jel nu a fost admis (la universitate).
I'm going to take up my studies in October.	Îmi voi începe studiile în octombrie.	îmi voi întʃepe studiile în oktombrie.
I'll enter university.	Voi intrá la universitate.	voi intra la universitate.
He's enrolled at the Engineering Institute.	El s-a înscris la institutul de construcţii.	jel sa înskris la institutul de konstruktsii.
I'm interested in English literature.	Mă interesează literatura engleză.	mə intereseazə literatura englezə.

133

I want to take up a correspondence course in literature.	Vreau să urmez un curs de literatură prin corespondență.	vreau sǝ urmez un kurs de literaturǝ prin korespondentsǝ.
What university are you going to study at?	La ce universitate veți studia?	la tʃe universitate vetsi studia?
How many terms do the students specialize?	Cîte semestre durează specializarea studenților?	kîte semestre dureazǝ spetʃializarea studentsilor?
What's your teaching load?	Ce normă didactică aveți?	tʃe normǝ didaktikǝ avetsi?
When will the (entrance) examination take place?	Cînd are loc examenul (de admitere)?	kînd are lok egzamenul (de admitere)?
Do you have many postgraduate students?	Aveți mulți post-universitari?	avetsi multsi postuniversitari?
Could I attend some lectures/visit a student hostel?	Aș putea asista la niște cursuri/vizita un cămin studențesc?	ash putea asista la nishte kursuri/vizita un kǝmin studentsesk?
I have a scholarship (grant).	Am bursă.	am bursǝ.
When do you hope to graduate?	Cînd sperați să absolviți?	kînd speratsi sǝ absolvitsi?
When are you going to take your Doctor's degree?	Cînd intenționați să vă luați doctoratul?	kînd intentsionatsi sǝ vǝ lwatsi doktoratul?
I'm working on a paper/writing my doctor's thesis.	Efectuez o lucrare/îmi scriu teza de doctorat.	efektuez o lukrare/îmi skriu teza de doktorat.
Are you going to take up postgraduate studies?	Vreți să urmați cursurile post-universitare?	vretsi sǝ urmatsi kursurile postuniversitare?
I'll do some research work.	Vreau să mă ocup de cercetare.	vreau sǝ mǝ okup de tʃertʃetare.
When does the vacation start?	Cînd începe vacanța?	kînd întʃepe vakantsa?
Professor... is going to give a lecture on architecture.	Profesorul... va ține o'prelegere despre arhitectură.	profesorul ... va tsine o preledʒere despre arhitekturǝ.
He is lecturing on....	El conferențiază (ține o prelegere) despre....	jel konferentsiazǝ (tsine a preledʒere) despre...

134

| Dr. A is a lecturer/reader in biology. | Dr. A este lector/conferenţiar la biologie. | doktorul A jeste lektor/ konferentsiar la biolodʒie. |

Books and Reading | Lectura | lektura

Are there many libraries in town?	Sînt multe biblioteci în oraş?	sînt multe bibliotetʃi în orash?
We have quite a lot of libraries in our town.	Avem destul de multe biblioteci în oraş.	avem destul de multe bibliotetʃi în orash.
How many books do you want to borrow?	Cîte cărţi doriţi să împrumutaţi?	kîte kərtsi doritsi sɔ împrumutatsi?
How many books may be borrowed at a time?	Cîte cărţi se pot împrumuta deodată?	kîte kərtsi se pot împrumuta deodatə?
Can I have Rebreanu's novels?	Îmi puteţi da romanele lui Rebreanu?	îmi putetsi da romanele lui rebreanu?
How long can I keep these books? (What's the lending period?)	Cît timp pot ţine aceste cărţi?	kît timp pot tsine aceste kərtsi?
When do these books fall due?	Cînd trebuie să fie restituite aceste cărţi?	kînd trebuje sə fie restituite atʃeste kərtsi?
I'll bring it back next week.	O restitui săptămîna viitoare.	o restitui səptəmîna viitware.
This book is out on loan (it's not in).	Cartea aceasta este împrumutată.	kartea atʃasta jeste împrumutatə.
Could you let me know when it has been returned?	M-aţi putea înştiinţa cînd va fi restituită?	matsi putea înshtiintsa kînd va fi restituitə?
Certainly, I'll keep it for you.	Fireşte, am să v-o păstrez.	fireshte, am sə vo pəstrez.
This is one of my favourite books.	Aceasta este una din cărţile mele preferate.	atʃasta jeste una din kərtsile mele preferate.
Have you read this book?	Aţi citit cartea aceasta?	atsi tʃitit kartea atʃasta?
You certainly have a well-equipped library.	Aveţi o bibliotecă într-adevăr bine înzestrată.	avetsi o bibliotekə intradevər bine înzestratə.
I want some light reading, please.	Ceva uşor de citit, vă rog.	tʃeva ushor de tʃitit, və rog.

135

Is this novel worth reading?	Romanul acesta merită să fie citit?	romanul atʃesta meritə sə fie tʃitit?
Have you got an encyclopedia?	Aveți o enciclopedie?	avetsi o entʃiklopedie?
Is the reading-room open?	Sala de lectură este deschisă?	sala de lekturə jeste deskisə?
Would you, please, help me to find a book in the catalogue?	Vreți, vă rog, să mă ajutați să găsesc o carte în fișier?	vretsi, və rog, sə mə aʒutatsi sə gəsesk o karte în fishier?
Would you mind asking the librarian?	Vreți să-l întrebați pe bibliotecar?	vretsi səl întrebatsi pe bibliotekar?
How many volumes does this library contain?	De cîte volume dispune această bibliotecă?	de kîte volume dispune atʃastə bibliotekə?
We have many daily newspapers and magazines. You can sit here and read them.	Avem multe ziare și reviste. Puteți sta aici și citi.	avem multe ziare shi reviste. Putetsi sta aitʃi shi tʃiti.
He is very fond of reading.	Lui îi place foarte mult să citească.	lui îi platʃe fwarte mult sə tʃiteaskə.

Scientific Research
Cercetarea științifică
tʃertʃetarea shtiintsifikə

Are you a researcher?	Sînteți cercetător?	sîntetsi tʃertʃetətor?
What sort of research are you engaged in?	Cu ce cercetări vă ocupați?	ku tʃe tʃertʃetəri və okupatsi?
Do you carry out theoretic as well as applied research?	Efectuați atît cercetări teoretice cît și aplicate?	efektuatsi atît tʃertʃetəri teoretitʃe kît shi aplikate?
Do you work in a research institute?	Lucrați la un institut de cercetări?	lukratsi la un institut de tʃertʃetəri?
Who's director of the institute?	Cine conduce institutul?	tʃine kondutʃe institutul?
I've just met Professor..., who is a member of the Academy.	Tocmai l-am cunoscut pe profesorul..., care este membru al Academiei.	tokmai lam kunoskut pe profesorul... , kare jeste membru al akademiei.
There are quite a number of young researchers in this institute.	În acest institut lucrează un mare număr de tineri cercetători.	în atʃest institut lukreazə un mare numər de tineri tʃertʃetətori.
The head of our department is a well-known scientist.	Șeful departamentului nostru este un savant renumit.	sheful departamentului nostru jeste un savant renumit.

He's just been elected member of a foreign Academy.	Tocmai a fost ales membru al unei academii străine.	tokmai a fost ales membru al unei akademii strəine.
How long have you been doing research?	De cînd vă ocupați de cercetarea științifică?	de kînd və ocupatsi de tʃertʃetarea shtiintsifikə?
Next week I'm going to an international congress.	Săptămîna viitoare plec la un congres internațional.	səptəmîna viitware plek la un kongres internatsional.
What authority sponsors research in your country?	Ce for patronează cercetarea științifică în țara dvs.?	tʃe for patroneazə tʃertʃetarea shtiintsifikə în tsara dumneavwastrə?
Do universities carry out research?	Universitățile efectuează cercetări științifice?	universitətsile efektueazə tʃertʃetəri shtiintsifitʃe?
What opportunities are offered to the young researchers?	Ce posibilități de afirmare li se oferă tinerilor cercetători?	tʃe posibilitətsi de afirmare li se oferə tinerilor tʃertʃetətori?
We use the most up-to-date methods.	Folosim metodele cele mai moderne.	folosim metodele tʃele mai moderne.
When can we visit a design institute?	Cînd putem vizita un institut de proiectări?	kînd putem vizita un institut de projektəri?
He's worked out a new method of obtaining...	El a elaborat o nouă metodă de obținere a....	jel a elaborat o nowə metodə de obtsinere a....
Are there many research institutes in Bucharest?	Sînt multe institute de cercetare în București?	sînt multe institute de tʃertʃetare în bukureshti?
Our institute has been set up recently.	Institutul nostru a fost înființat recent.	institutul nostru a fost infiintsat retʃent.
We'd like to work out an exchange scheme with your institute.	Am vrea să stabilim un plan de schimburi cu institutul dvs.	am vrea sə stabilim un plan de skimburi ku institutul dumneavwastrə.

HEALTH	SĂNĂTATEA	sənətatea

General Expressions	**Expresii generale**	ekspresii dzenerale
How are you?	Cum vă simțiți?	kum və simtsitsi?
Fine, thank, you.	Foarte bine, mulțumesc.	fwarte bine, multsumesk.
Not too well, I'm sorry to say.	Din păcate nu prea bine.	din pəkate nu prea bine.

137

Do you feel any better today?	Vă simţiţi mai bine astăzi?	və simtsitsi mai bine astəzi?
I was very ill but I am getting on nicely now.	Am fost foarte bolnav, dar acum o duc bine.	am fost fwarte bolnav, dar akum o duk bine.
You don't look well; is something the matter with you?	Nu arătaţi bine; vi s-a întîmplat ceva?	nu arətatsi bine; vi sa întîmplat tʃeva?
I have a headache/stomach-ache.	Mă doare capul/stomacul.	mə dware kapul/stomakul.
It's all right, don't worry. I'll try to pull myself together.	Nu-i nimic, nu vă neliniştiţi. Voi încerca să-mi revin.	nui nimik, nu və nelinishtitsi. Voi întʃerka səmi revin.
I have a (bad) cough.	Tuşesc mult.	tushesk mult.
Do you think I ought to stay in bed for a few days?	Credeţi că ar trebui să stau cîteva zile în pat?	kredetsi kə ar trebui sə stau kiteva zile în pat?
I hope it's nothing serious.	Sper că nu e nimic serios.	sper kə nu je nimik serios.
I feel sharp pains here.	Mă doare tare aici.	mə dware tare aitʃi.
Got a temperature?	Aveţi temperatură?	avetsi temperaturə?
I am aching all over.	Am dureri în tot corpul.	am dureri în tot korpul.
Does your throat hurt?	Vă doare gîtul?	və dware gîtul?
You seem to be very sensitive to cold.	Se pare că sînteţi foarte sensibil la răceală.	se pare kə sîntetsi fwarte sensibil la rətʃalə.
I've a slight temperature, but I think there's nothing to worry about.	Am o uşoară temperatură, dar cred că nu e nimic alarmant.	am o ushwarə temperaturə, dar kred kə nu je nimik alarmant.
My appetite is not good. I don't want to eat anything today.	Nu am poftă de mîncare. Nu mănînc nimic astăzi.	nu am poftə de mînkare. Nu mənînk nimik astəzi.
He is quite hoarse, isn't he?	El a răguşit de tot, nu-i aşa?	jel a rəgushit de tot, nui asha?
Must I go on a diet?	Trebuie să ţin regim?	trebuje sə tsin redʒim?
My friend has sprained his wrist/ankle.	Prietenul meu şi-a scrîntit încheietura mîinii/glezna.	prietenul meu sha skrîntit înkejetura mîinii/glezna.
It's badly swollen.	S-a umflat tare.	sa umflat tare.
I say, you're bleeding on your hand.	Atenţie, mîna dvs. sîngerează.	atentsie, mîna dumneavwastrə sîndʒereazə.

Did he get badly hurt when he was knocked down by that car?	S-a rănit grav cînd l-a lovit automobilul acela?	sa rən*i*t grav kînd la lov*i*t automob*i*lul a- tʃela?
When did you feel ill?	Cînd v-ați îmbolnăvit?	kînd vaţi îmbolnəv*i*t?
I've been operated on.	Am fost operat.	am fost oper*a*t.
Have you taken any pills/drops?	Ați luat tablete/picături?	*a*tsi lwat tabl*e*te/pikə- t*u*ri?
I've lost/put on weight.	Am slăbit/m-am îngrășat.	am sləb*i*t/mam îngrə- sh*a*t.
Send for a doctor.	Chemați doctorul.	kem*a*tsi d*o*ktorul.
Ring for the ambulance.	Chemați salvarea.	kem*a*tsi salv*a*rea.

At the Doctor's — La doctor — la d*o*ktor

I'll see my doctor about my health.	Mă duc la doctor să-mi văd de sănătate.	mə duk la d*o*ktor s*ə*mi vəd de s*ə*nətate.
The doctor consults (sees his patients) between 3 p.m. and 5 p.m.	Doctorul dă consultații (primește) între orele 3—5 p. m.	d*o*ktorul də konsult*a*tsii (prim*e*shte) între o- rele trei shi tʃintʃi p.m.
What's your complaint?	Ce vă supără?	tʃe və s*u*pərə?
My stomach is out of order.	Mi s-a deranjat stomacul.	mi sa deran3at stoma- kul.
I have a stabbing pain in my back.	Am o durere ascuțită în spate.	am o dur*e*re askutsitə în spate.
Let me feel your pulse.	Să vă iau pulsul.	sə və jau p*u*lsul.
Let me see your tongue.	Arătați-mi limba.	arətatsimi l*i*mba.
Is your appetite all right?	Aveți poftă de mîncare?	av*e*tsi p*o*ftə de mîn- kare?
Have you any pains?	Aveți dureri?	av*e*tsi dur*e*ri?
How long has it been hurting here?	De cînd vă doare aici?	de kînd və dware aitʃi?
Breathe in deeply.	Inspirați adînc.	inspir*a*tsi ad*î*nk.
Hold your breath for a moment.	Țineți-vă respirația o clipă.	tsinetsivə respir*a*tsia o kl*i*pə.
Now breathe out slowly.	Acum expirați încet.	ak*u*m ekspir*a*tsi întʃet.
Must I be X-rayed?	Trebuie să fac o radiografie?	tr*e*buje sə fak o radio- graf*i*e?

139

Yes, you must have your chest X-rayed.	Da, trebuie să faceţi o radiografie pulmonară.	da, trebuje sə fatʃetsi o radiografie pulmonarə.
Has anyone of your family ever had ...?	A suferit cineva din familie vreodată de...?	a suferit tʃineva din familje vreodatə de ...?
— tuberculosis	— tuberculoză	— tuberkulozə
— scarlatina	— scarlatină	— skarlatinə
— malaria	— malarie	— malarje
— pneumonia	— pneumonie	— pneumonie
I've had measles/mumps/diphtheria.	Am avut pojar/orejon/difterie.	am avut poʒar/orejon/difterie.
What's the diagnosis?	Care e diagnosticul?	kare je diagnostikul?
Is this illness catching (infectious)?	Este o boală contagioasă (infecţioasă)?	jeste o bwalə kontadʒiwasə (infektsiwasə)?
Does it require hospital treatment?	Trebuie să mă internez în spital?	trebuje sə mə internez în spital?
I think there's nothing serious the matter with you, but you had better have a thorough examination.	Cred că nu este nimic serios, dar e mai bine să fiţi examinat (consultat) temeinic.	kred kə nu jeste nimik serios, dar je mai bine sə fitsi egzaminat (konsultat) temeinik.
Your pulse is normal/low/irregular/fast.	Pulsul dvs. este normal/slab/neregulat/accelerat.	pulsul dumneavwastrə jeste normal/slab/neregulat/aktʃelerat.
What may I eat/drink?	Ce pot să mănînc/beau?	tʃe pot sə mənínk/beau?
Take this prescription to the chemist's to get your medicine.	Duceţi reţeta aceasta la farmacie să vă facă medicamentul.	dutʃetsi retseta atʃasta la farmatʃie sə və fakə medikamentul.
Take it three times a day after meals.	Luaţi de trei ori pe zi după masă.	lwatsi de trei ori pe zi dupə masə.
Take a table-spoonful in water.	Luaţi cu o lingură de apă.	lwatsi ku o lingurə de apə.
And don't forget: shake it well before using.	Nu uitaţi să scuturaţi bine înainte de folosire.	nu uitatsi sə skuturatsi bine înainte de folosire.
If you don't get better, come to see me again next week.	Dacă nu vă faceţi bine, veniţi la mine din nou săptămîna viitoare.	dakə nu və fatʃetsi bine, venitsi la mine din nou səptəmína viitware.

140

I'd recommend you to go to the ... hospital for treatment. Was the operation successful?	Vă recomand să vă internați la spitalul... pentru a vă trata. Operația a decurs bine?	və rekomand sə və ternatsi la spitalul... pentru a və trata. operatsia a dekurs bine?
Any complications? Convalescence won't be too long. Get well soon!	Sînt complicații? Convalescența nu va fi prea lungă. Vă doresc însănătoșire grabnică.	sînt komplikatsii? konvalestʃentsa nu va fi prea lungə. və doresk însənətoshire grabnikə.

At the Dentist's — La dentist — la dentist

Is the dentist seeing patients now?	Doctorul primește pacienții acum?	doktorul primeshte patʃientsii akum?
I must make an appointment with the dentist.	Trebuie să fixez ora de consultație la dentist.	trebuje sə fiksez ora de konsultatsie la dentist.
I have a toothache.	Am dureri de dinți.	am dureri de dintsi.
What can be done to relieve the pain?	Ce pot lua pentru a calma durerea?	tʃe pot lwa pentru a kalma durerea?
I need a tooth stopped.	Trebuie să-mi plombez un dinte.	trebuje səmi plombez un dinte.
Do you think this tooth must be pulled out?	Credeți că dintele acesta trebuie extras?	kredetsi kə dintele atʃesta trebuje ekstras?
Will it be very painful?	Este dureros?	jeste dureros?
It will be necessary to kill the nerve.	Va fi necesar să vă scot nervul.	va fi netʃesar sə və skot nervul.
Your teeth need attention.	Dinții dvs. trebuie tratați.	dintsii dumneavwastrə trebuje tratatsi.
When did you last have them attended to?	Cînd v-ați tratat dinții ultima oară?	kînd vatsi tratat dintsii ultima warə?
I'm afraid you'll need a crown/a false tooth.	Mă tem că va trebui să puneți o coroană/ un dinte fals.	mə tem kə va trebui sə punetsi o korwanə/ un dinte fals.
I want a gold/metal/ plastic crown.	Vreau o coroană de aur/ metal/plastic.	vreau o korwanə de aur/metal/plastik.
When shall I come again?	Cînd trebuie să trec din nou?	kînd trebuje sə trek din nou?

141

At the Chemist's   La farmacie   la farmatʃie

I have to take this prescription to a dispensing chemist's	Trebuie să duc această rețetă la o farmacie.	trebuje sə duk atʃastə retsetə la o farmatʃie.
Here's my prescription.	Poftiți rețeta.	poftitsi retseta.
I'm afraid we'll have to make up this medicine for you.	Mă tem că va trebui să vă preparăm acest medicament.	mə tem kə va trebui sə və preparəm atʃest medikament.
Do you mind waiting five minutes?	Vreți să așteptați cinci minute?	vretsi sə ashteptatsi tʃintʃi minute?
Is this medicine intended for external or internal use?	Medicamentul acesta este pentru uz extern sau intern?	medikamentul atʃesta jeste pentru uz ekstern sau intern?
Is this a prophylactic/antiseptic preparation?	Acesta este un preparat profilactic/antiseptic?	atʃesta jeste un preparat profilaktik/antiseptik?
Could you give me some pain-killer/sleeping tablets?	Mi-ați putea da un calmant/un somnifer?	miatsi putea da un kalmant/un somnifer?
How shall I take it?	Cum să-l iau?	kum səl jau?
Take the medicine in accordance with the prescriptions.	Luați medicamentul după prescripțiile medicului.	lwatsi medikamentul dupə preskriptsiile medikului.
How much is this first-aid set, please?	Cît costă trusa aceasta de prim ajutor, vă rog?	kît kostə trusa atʃasta de prim aʒutor, və rog?
Then I want a shaving-brush and a razor.	Mai vreau și un pămătuf (de bărbierit) și un brici.	mai vreau shi un pəmətuf (de bərbjerit) shi un britʃi.
Do you want some shaving-soap, too?	Doriți și săpun de bărbierit?	doritsi shi səpun de bərbjerit?
Oh, yes. I'll have two sticks and a tablet of toilet soap.	Da. Iau două bucăți și un săpun de față.	da. jau dowə bukətsi shi un səpun de fatsə.
Which brand do you want?	Ce marcă doriți?	tʃe markə doritsi?
I want a bottle of hair restorer.	Vreau o sticlă de regenerator de păr.	vreau o stiklə de redʒenerator de pər.

SPORTS	SPORT	sport

What sports do you go in for?	Ce sporturi practicați?	tʃe sporturi praktikatsi?
I am no athlete, but I do like sport.	Nu sînt sportiv, dar îmi place sportul.	nu sînt sportiv, dar îmi platʃe sportul.
Do you know the rules of the game?	Cunoașteți regulile jocului?	kunwashtetsi regulile ʒokului?
I play cricket.	Eu joc crichet.	jeu ʒok kriket.
I don't know the game.	Nu cunosc jocul.	nu kunosk ʒokul.
I'm not much interested in sport.	Sportul nu mă prea interesează.	sportul nu mə prea intereseazə.
I need regular physical exercise to keep fit.	Am nevoie de exerciții regulate pentru a-mi păstra forma.	am nevoje de egzertʃitsii regulate pentru ami pəstra forma.
I go in for climbing. It's a hobby to fill my leisure hours.	Eu practic alpinismul. E o îndeletnicire cu care mă ocup în timpul liber.	jeu praktik alpinismul. je o îndeletnitʃire ku kare mə okup în timpul liber.
Did you play football/ volley ball at school?	Ați jucat fotbal/volei la școală?	atsi ʒukat fotbal/volei la shkwalə?
I'm very fond of playing tennis, but I'm not very good at it.	Îmi place să joc tenis, dar nu mă prea pricep.	îmi platʃe sə ʒok tenis, dar nu mə prea pritʃep.
I went in for motoring when I was younger. But I've given it up altogether since I got injured once.	În tinerețe m-am ocupat de automobilism, dar l-am abandonat cu totul de cînd m-am accidentat odată.	în tineretse mam okupat de automobilism, dar lam abandonat cu totul de kînd mam aktʃidentat odatə.
Can you ski/swim?	Știți să schiați/înotați?	shtitsi sə skiatsi/înotatsi?
I think one needs a lot of coaching.	Cred că trebuie mult antrenament.	kred kə trebuje mult antrenament.
Which team do you support?	Care este echipa dvs. preferată?	kare jeste ekipa dumneavwastrə preferatə?
Which team (side) has won/lost?	Care echipă a cîștigat/pierdut?	kare ekipə a kîshtigat/pierdut?
We won two nil.	Am cîștigat cu doi la zero.	am kîshtigat ku doi la zero.
We were leading at halftime.	Noi conduceam la pauză.	noi kondutʃam la pauzə.

143

The match ended in a draw.	Meciul s-a terminat la egalitate.	metʃul sa terminat la egalitate.
What time is the kick-off?	La ce oră începe meciul (jocul)?	la tʃe orə întʃepe metʃul (ʒokul)?
Who came in first/second?	Cine a sosit primul/al doilea?	tʃine a sosit primul/al doil ea?
What are the other placings?	Care este restul clasamentului?	kare jeste restul klasam entului?
Where is the main stadium in the town?	Unde se află principalul stadion al orașului?	un de se aflə printʃipalul stadion al orashului?
What is it called ...?	Cum se numește...?	k um se numeshte ...?
I play:	Eu joc:	jeu ʒok:
— hockey	— hochei	— hokei
— basketball	— baschet	— basket
— cricket	— crichet	— kriket
— rugby	— rugbi	— ragbi
— golf	— golf	— golf
What team is considered the strongest?	Care echipă este socotită cea mai puternică?	kare ekipə jeste sokotitə tʃea mai puternikə?
When is the semi-final/final?	Cînd are loc semifinala/finala?	kînd are lok semifinala/finala?
When does the national football championship start?	Cînd începe campionatul național de fotbal?	kînd întʃepe kampionatul natsional de fotbal?
Who won the championship?	Cine a cîștigat campionatul?	tʃine a kîshtigat kampionatul?
Who is Romania's champion in...?	Cine este campionul României la ...?	tʃine jeste kampionul rominiei la ...?
— boxing	— box	— boks
— weight-lifting	— haltere	— haltere
— classical wrestling	— lupte (greco-romane)	— lupte (greko-romane)
— free-style wrestling	— lupte libere	— lupte libere
This team is in excellent form.	Această echipă este într-o formă excelentă.	atʃastə ekipə jeste întro formə ekstʃelentə.
This team plays well/poorly.	Această echipă joacă bine/prost.	atʃastə ekipə ʒwakə bine/prost.
What is the result?	Care este rezultatul?	kare jeste rezultatul?
In whose favour?	În favoarea cui? (Pentru cine?)	în favwarea kui? (pentru tʃine?)
What place did your team win?	Ce loc a ocupat echipa dvs.?	tʃe lok a okupat ekipa dumneavwastrə?

144

English	Romanian	Pronunciation
The team took:	Echipa a ocupat:	ekipa a okupat:
— the first place	— locul întîi	— lokul întîi
— the second place	— locul doi	— lokul doi
— the third place	— locul trei	— lokul trei
This sportsman won a:	Acest sportiv a cîştigat:	atʃest sportiv a kîshtigat
— gold medal	— medalia de aur	— medalia de aur
— silver medal	— medalia de argint	— medalia de ardʒint
— bronze medal	— medalia de bronz	— medalia de bronz
Which team is in blue/ red shirts?	Care echipă poartă tricouri albastre/roşii?	kare ekipə pwartə trikouri albastre/roshii?
Who is refereeing the international icehockey match?	Cine arbitrează meciul internaţional de hochei pe gheaţă?	tʃine arbitreazə metʃul internatsional de hokei pe giatsə?
Who is the trainer/ captain of the team?	Cine este antrenorul/ căpitanul echipei?	tʃine jeste antrenorul/ kəpitanul ekipei?
Which of your athletes are Olympic/ World champions?	Care dintre atleţii dvs. sînt campioni olimpici/mondiali?	kare dintre atletsii dumneavwastrə sînt kampioni olimpitʃi/mondiali?
What were the results of the last National Championship?	Care au fost rezultatele ultimului campionat naţional?	kare au fost rezultatele ultimului kampionat natsional?
Who was the individual champion?	Cine a cîştigat campionatul individual?	tʃine a kîshtigat kampionatul individual?
Who was the first at the finish?	Cine a sosit primul?	tʃine a sosit primul?
Who made the best time?	Cine a realizat timpul cel mai bun?	tʃine a realizat timpul tʃel mai bun?
He/she has set a world record.	El/ea a stabilit un record mondial.	jel/ja a stabilit un rekord mondial.
Do you belong to a sports club?	Faceţi parte dintr-un club sportiv?	fatʃetsi parte dintr-un klub sportiv?
I should like to see:	Aş vrea să văd:	ash vrea sə vəd:
— some stadiums	— nişte stadioane	— nishte stadiwane
— a swimming pool	— un bazin de înot	— un bazin de înot
— a running track	— o pistă de alergări	— o pistə dę alergəri
— a skating-rink	— un patinoar	— un patinwar
Shall we go and watch ...?	Vreţi să mergem să vedem...?	vretsi sə merdʒem sə vedem...?
— an athletic competition	— un concurs de atletism	— un konkurs de atletism
— a cycling competition	— un concurs de ciclism	— un konkurs de tʃiklism

— a swimming competition	— un concurs de înot	— un konkurs de înot
— a skating competition	— un concurs de patinaj	— un konkurs de patinaʒ
— a skiing competition	— un concurs de schi	— un konkurs de ski
— a fencing competition	— un concurs de scrimă	— un konkurs de skrimə
— a horse-racing competition	— un concurs hipic	— un konkurs hipik
— a gliding competition	— un concurs de planorism	— un konkurs de planorism
— a gymnastics display	— o demonstrație de gimnastică	— o demonstratsie de dʒimnastikə
My friend goes in for:	Prietenul meu practică:	prietenul meu praktikə:
— track and field athletics	— atletismul	— atletismul
— running	— alergările (cursele)	— alergərile (kursele)
— jumping	— sărituri	— sərituri
— discus throwing	— aruncarea discului	— arunkarea diskului
— javelin throwing	— aruncarea suliței	— arunkarea sulitsei
— hammer throwing	— aruncarea ciocanului	— arunkarea tʃiokanului
— shot putting	— aruncarea greutății	— arunkarea greutətsii
— boxing	— boxul	— boksul
— shooting	— tirul	— tirul
— rowing	— canotajul	— kanotaʒul
— riding	— călăria	— kələria
— motor racing	— automobilismul	— automobilismul
— cycling	— ciclismul	— tʃiklismul
— angling	— pescuitul	— peskuitul
What are the most popular outdoor/indoor games in your country?	Care sînt cele mai cunoscute sporturi în aer liber/de sală practicate în țara dvs.?	kare sînt tʃele mai kunoskute sporturi în aer liber/de salə praktikate în tsara dumneavwastrə?
The visiting/home team won the competition.	Echipa oaspete/gazdă a cîștigat concursul (întrecerea).	ekipa waspete/gazdə a kîshtigat konkursul (întretʃerea).
They covered the distance in three minutes.	Au parcurs distanța în trei minute.	au parkurs distantsa în trei minute.
The goal keeper made a rather poor show.	Portarul a fost într-o formă proastă.	portarul a fost întro formə prwastə.

146

English	Romanian	Pronunciation
The centre forward headed the ball into the net. He was the only one who played true to form.	Centrul înaintaş a introdus mingea cu capul în plasă. El a fost singurul în formă bună.	tʃentrul înaintash a introdus mindʒea ku kapul în plasə. jel a fost singurul în formə bunə.
What are the different players in a football tèam called?	Cum se numesc diferiţii jucători dintr-o echipă de fotbal?	kum se numesk diferitsii ʒukətori dintro ekipə de fotbal?
A football team is composed of a goal keeper, two backs, three half-backs and five forwards.	O echipă de fotbal se compune dintr-un portar, doi fundaşi, trei mijlocaşi şi cinci înaintaşi.	o ekipə de fotbal se kompune dintrun portar, doi fundashi, trei miʒlokashi shi tʃintʃi înaintashi.
Let's play a game of chess.	Să facem o partidă de şah.	sə fatʃem o partidə de shah.
I play white, you play black.	Eu joc cu piesele albe, dvs. jucaţi cu cele negre.	jeu ʒok ku pjesele albe, dumneavwastrə ʒukatsi ku tʃele negre.
You've made a fine gambit.	Aţi făcut o deschidere frumoasă.	atsi fəkut o deskidere frumwasə.
I had to sacrifice a piece.	A trebuit să sacrific o piesă.	a trebuit sə sakrifik o pjesə.
How many pawns are you down?	Cîţi pioni aţi pierdut?	kîtsi pioni atsi pjerdut?
What's the next move?	Care e mişcarea următoare?	kare je mishkarea urmətware?
When shall we resume the game?	Cînd reluăm jocul?	kînd relwəm ʒokul?
I think I'd better resign.	Cred că e mai bine să cedez partida.	kred kə je mai bine sə tʃedez partida.
I saw a boxing match last night.	Aseară am văzut un meci de box.	asearə am vəzut un metʃi de boks.
What weight were the competitors?	Ce categorie erau concurenţii?	tʃe kategorie jerau konkurentsii?
— fly weight	— muscă	— muskə
— bantam weight	— cocoş	— kokosh
— feather weight	— pană	— panə
— light weight	— uşoară	— ushwarə
— welter weight	— semimijlocie	— semimiʒlotʃie
— middle weight	— mijlocie	— miʒlotʃie
— light heavy weight	— semigrea	— semigrea
— heavy weight	— grea	— grea

147

English	Romanian	Pronunciation
Winter sports are practiced widely in Romania.	În România se practică pe scară largă sporturile de iarnă.	în romînia se praktikə pe skarə largə sporturile de jarnə.
Do you like swimming?	Vă place înotul?	və platʃe înotul?
What style do you like best?	Ce stil vă place cel mai mult?	tʃe stil və platʃe tʃel mai mult?
— backstroke	— înotul pe spate	— înotul pe spate
— breast stroke	— bras	— bras
— butterfly	— fluture	— fluture
— crawl	— craul	— kraul
He's been training for the European championship.	El se antrenează pentru campionatul european.	jel se antreneazə pentru kampionatul european.
What sporting events will there be ov r the weekend?	Ce manifestări sportive vor avea loc la sfîrşitul săptămînii?	tʃe manifestəri sportive vor avea lok la sfîrshitul səptəmînii?
Sports are an excellent pastime.	Sportul este un mod excelent de a-ţi petrece timpul liber.	sportul jeste un mod ekstʃelent de atsi petretʃe timpul liber.

A

aboard 35
academy 136, 137
accordion 100
to ache 138
acquaintance 19
across 67
action 121
actor 110
actress 110
to add 45
addition 45
additional 31
address 38, 76, 79
to admit 25, 133
advance 32
afraid 26
African 40
after 56, 70
again 140, 141
age 112, 113
agency 32, 66, 73
agreement 25
agriculture 111
agronomy 111
airline 32
airport 32, 33
Albanian 40
all 16, 24, 82
to allow 22
alone 147
alteration 105
altitude 33

amateur 118
ambulance 78, 139
American 40
anchor 34
ankle 138
to annoy 126
antiseptic 142
apology 26
appearance 112
appetite 138
apple 47, 64
appointment 27
to appreciate 29
apprentice 112
April 49
archaeological 129
architect 111
architecture 72, 134
area 45
arithmetical 42, 45
to arrive 30, 71
art 71, 72, 124
article 82
artist 125
to ask 20, 67
asparagus 85
astronomy 111
athlete 145
athletics 145, 146
to attend 134
August 49
aunt 113
Australian 40
Austrian 40
autumn 50
awfully 26

B

back 107, 139
backstroke 148
bacon 61
bad 47
bag 101
balcony 120
ball 100, 147
banana 64, 85
bank 38
bantam 147
bar 55
barber's shop 55, 107
basketball 144
bath 54, 57
bathroom 115
battery 37, 98
to be 15, 17, 20, 23
beach 129
bean 63, 84
beard 107
to become 112
bed 53, 116, 138
beef 63
beefsteak 63
beer 65
before 109
to begin 131
to belong 77
belt 94, 103
beret 95
berth 30, 35
to beware 74
bicycle 100
big 46
bill 60
binding 101
biology 111
birth 54
birthday 18
biscuit 65
bit 104
black 147

blade 58, 97
blanket 116
to bleed 138
block 114
blood 63
blotting paper 89
blouse 93, 105
blue 46
boarding 38, 79
boat train 34
bobbed 108
book 43, 87, 88
to book 34
bookseller 87
boot 106
born 113
botanical 72
botany 111
both 120
bottle 59
boulevard 68
box 47
boxing 101, 144, 146
bra 94
bracelet 97
braces 94
brake 37
brand 142
bread 61, 64
to break 101
to break down 127
breakfast 55, 58, 60
breast stroke 148
to breathe 139
bricklayer 109
bride 114
bridegroom 114
British 40, 66
broach 97
to broadcast 126
bronze 145

brown 46
brush 97
to build 72
building 72
bump 33
bunch 102
to burn 115
bus 67
business 27, 29
businessman 111
butter 61, 83
butterfly 148
to buy 81, 95
by 75

C

cabbage 64, 84
cabin 35
cable 74
cake 64
calendar 89
to call 70
camera 99
camping 128
can 20, 22, 38, 105
cap 96
captain 145
carbon paper 89
care 19
to care 19, 116
carnation 102
carp 63
carpenter 109
carpet 99, 103
carriage 29, 31, 32
carrot 64, 84
to carry out 134, 136
cartoon 119
cartridge 99
case 39
cash 39, 82
to cash 41

catalogue 88
catching 140
to cater for 66, 132
cauliflower 84
caution 74
to celebrate 114
cellery 62
centimetre 45
central 56, 115
centre 130, 147
certainly 19, 21
chain 97
chair 115
champagne 65
champion 144, 145
championship 144, 145
to change 30, 31, 36
changeable 52
charge 37
cheap 47, 82
to check 36
Checkoslovak 40
cheese 61
chemist 140, 142
chemistry 111, 132
chess 147
chest 140
chewing-gum 85
chicken 62
child 87, 93, 113
Chinese 40
chips 63
chocolate 65, 85
to choose 118
chop 63
choral 123
chrisanthemum 102
church 72
cigar 91
cigarette 90
cigarette holder 91

cinema 118
cinemascope 119
circle 45
city 68
civil servant 109
class 30, 34, 131
classical 122
clean 46
cleaner 91
cleaning 80
clear 125
to clear up 52
clergyman 111
clever 47
cliff 130
to climb 128
cloak 121
cloakroom 121
clock 50, 97
to close 39
cloth 104
cloud 33
cloudy 51
club 145
coach 73
coarse 104
coat 92
cocoa 61, 83
coffee 61, 83
cognac 65
coin 76
cold 31, 47
to collect 75
collection 75
collector 118
colour 46
to come 69
to come in 28
to come out 51
comedy 119
comfortable 80, 116
commentary 126
commercial traveller 111

compartment 30, 31
competition 146
competitor 147
to compose 147
composer 110, 114
compulsory 131
concert 118, 121
conductor 109
to congratulate 19, 114
congratulation 19
congress 137
connection 30
container 47
convalescence 141
conversation 20, 87
to cook 80, 117
cookery book 88
copy 124
copy book 89
corner 55, 59
cornflakes 61
correspondent 110
corset 94
cosmetic 96
costume 121
cot 116
to cough 138
counter 75
country 40, 114
cousin 114
to cover 146
cowboy 119
crawl 148
cream 96
cricket 143, 144
crooked 48
crossing 73
crossroads 38, 67
crown 141

Cuban 40
cuff-links 94
cultivated 102
cup 98
curtain 115, 121
cushion 116
to cut 116
cycling 145, 146

D

dagger 119
dahlia 102
daily 124
damp 51
dance 100, 123
dancing 86
to date 79
day 24, 32
to dazzle 51
dear 78
decanter 98
December 50
to declare 39
declaration 39
deck 35
deck chair 35
decoration 116
deep 47
degree 53
delighted 19
delivery 83
delta 130
dentist 141
department 136
design 93
dessert 64
to develop 128
diagnosis 140
diametre 45
diamond 97
diary 89

dictionary 16, 88
diet 138
different 147
difficult 17
dining room 99
dinner 62
diphtheria 140
direct 32
direction 66
director 136
directory 76
discus 146
distance 67
divan-bed 116
to divide 45
division 45
to do 21
doctor 114
documentary 119
doll 102
to do one's hair 107, 108
down 82
to draw 115
drawing pin 90
dress 102
dress circle 120
dressing gown 57
dressmaker 105
drink 65
to drive 36
driver 70
to drizzle 52
drop 139
dry 47, 53
dubbed 119
dulcimer 100
dumpling 62
Dutch 40
duty 110
to dye 108

E

early 47
earring 97
to eat 59, 60
eau de Cologne 96
economics 111
edition 87, 88
education 130
egg 61, 83
Egyptian 40
eight 42
eighteen 42
eighty 42
electrical 58, 80
electrical engineer 109
electrician 112
electronics 111
embassy 38, 66
embroidered 103
embroidery 103
emerald 97
emergency 73
encyclopedia 136
to end 144
energetics 111
to engage 110
engaged 114
engagement 27
engine 36
engineer 109, 111
England 36
English 40, 88
engraving 124
to enjoy 36
entrance 73
envelope 89
equipped 135
European 148
evening 17, 49
event 148
examination 132, 134
excellent 144

exchange 137
exchange office 41
to excuse 26
exhibition 71, 124
exit 32, 73
to expect 22, 55
expensive 82
express 30
expression 16, 53
to extend 39
external 142
eye 126

F

face 96
facility 128
factory 112
fair 114
false 141
family 18, 112
famous 120
fan 118
fantastic 87
fare 69
fashion 93
fashionable 106
fast 70
father 113
faultless 15
fauna 129
favour 21
featherweight 37, 147
feature 119
February 49
to feel 33
feeling 26
fellow 24
fencing 146
few 15
fibre 104
fiction 87
fifteen 42

to fill 36
filling station 36
to fill in 39, 41
film 99
filter 91, 99
final 144
to find 136
fine 104
to finish 62
Finnish 40
fire 74
firm 111
first 43, 68
first aid set 142
fish 62, 63
fishing 100, 146
fitting 105
fixer 99
five 15, 50
flat 115
flight 33
floor 98
flora 129
flower 102
flower shop 102
fluently 16
flute 122
to fly 33
fly weight 147
fog 51
folkcraft 102
to follow 16
fond of 117
football 101, 143
for 15, 29
forecast 53
foreign 15, 39
to forget 16, 23
to forgive 26
fork 60
form 144, 147

fortnight 55
fortress 129
forty 42
fountain pen 89
four 42
free 27
to freeze 52
freezing point 53
French 89, 132
fresh 83
Friday 50
friend 19, 23
frost 45
fruit 65, 84
full 47
full time 109
furnished 79
furniture 99

G

gallery 71, 72
game 143
garage 55
garden 72, 114
garlic 85
garter 94
gas 115
gas cooker 115
general 53
geology 111
German 40
to get 51
to get injured 143
to get off 69
to get old 114
to get on 16
to get up 49
giblet 62
gin 65
to give 54, 84

glad 30
glass 98
gliding 146
glorious 51
glove 81, 101
to go 21
goal 146, 147
goal keeper 146, 147
to go in for 148
goggles 101
gold 101, 141
golf 144
good 17, 24, 46
to graduate 110, 134
grandfather 114
grandmother 114
grant 131, 134
grapefruit 85
grapes 64
grass 73, 116
grateful 29
Greek 40
green 46
greenhouse 102
greeting 18
grey 46
grill 63
grocer 83
to grow 113
guaranteed 95
to guard 74
guest 116
guide 87, 124
guitar 100
gun 100
gymnastic display 146
gymnastics 146

H

hail 52
hair 97, 108
haircut 107

hairdresser 23, 107
hairpin 94
half 49
half-back 147
hallo 17
ham 61
hammer 146
hand 22
handkerchief 94, 95
handsome 113
handy 88
hanger 95
to happen 21
harbour 35
hard 52
hat 95
to have 15, 17, 27
he 43
head 138
headlight 37
to hear 21, 77
heating 56, 115
heavy 47
hectare 45
heel 106
help 22, 28
to help 20, 21, 22, 136
helping 63
here 24
herring 63
high 44
his 113
historic 71
hoarse 138
hobby 143
hockey 144, 145
hoe 117
to hold 22
holidays 109, 134
home 17
to hope 18, 26
horse race 146

hospital 140, 141
hostel 134
hot 47
hotel 38, 53
hour 36
house 46, 114
how 16
humanities 133
Hungarian 40
hungry 47
hunting 100
to hurry 18
to hurt 138, 139

I

I 23
ice 145
ice cream 65
idea 24
ill 138
illness 140
to illustrate 125
to improve 16
to include 54
Indian 40
industrialist 111
to inquire 29
inquiry 73
inside 116
institute 133, 136
instrument 99, 121
to intend 39, 53
interested 71, 129, 133
interesting 72
nternal 142
international 77, 137
interview 27
to introduce 19
to intrude 20
invite 27, 123
invitation 27

Irish stew 63
iron 98
to iron 73, 123
irregular 140
Italian 40

J

jacket 93
jam 61
January 49
Japanese 40
javelin 146
jazz 123
jet liner 34
jewel 97
job 110
journey 34
juice 59
July 49
jumper 96
jumping 146
June 49
just 24, 57

K

to keep 73, 81
kettle 98
key 23, 54
kilogram 84
kind 71
kit 101
kitchen 115
knife 60
to knit 118
knitted goods 96
to know 25, 28

L

laboratory 112
lady 20
lamb 63

to land 33
lane 73
last 19, 49
to last 34, 52, 120
late 18, 28
latest 87, 108
Latin 132
lawyer 111
to lead 143
lean 83
to learn 15
leather 88
to leave 29, 48
to lecture 134
left 67, 107
leg 105
leggings 101
lemon 60, 62
lens 99, 101
lenspower 99
lesson 17, 131
to let 81
letter 28, 74, 78
leu 41
liable 39
library 43, 136
libretto 100
licence 38
lied 122
lift 54
light 45
to light 91
to lighten 52
lighter 91
light heavy weight 147
lighthouse 35
light weight 147
to like 129
limit 45
lined 104
liner 34
lining 104
lip 96

lipstick 96, 97
liqueur 65
list 81
to listen 126
literary 16
literature 87, 133
litter 74
little 15, 16, 48
to live 68, 114
living 108
lobster 63
local 125
to lock 54
locket 97
locksmith 109
long 46, 104
long-playing 100
long-sighted 101
to look 127
to look up 16
to lose 22, 143
lounge 99
love 79
to love 129
lovely 105
luck 19
lunch 27, 62, 109

M

mac 52
machine 98
magazine 30, 90, 105
magnifying glass 101
make 127
to make 72
make to up 142
main 144
malaria 140
to manage 22, 116
mandoline 100
manufacturer 111

map 87
March 49
margarine 83
marriage 19
married 113
mat 103
match 145
material 93, 105
mathematics 111, 133
may 19
May 49
meal 80
to mean 16, 25
means 24
measles 140
measure 42
meat 63
meat ball 63
meat grinder 98
mechanic 109
medal 145
medicine 140
medieval 72
to meet 136
melon 64
member 112, 136
menu 59
message 28
metal 101
method 137
metre 81
middle 107
middle weight 147
mild 52
mile 36
militia 78
militiaman 67
milk 61, 85
to mind 52
minor 113
minute 70

to miss 30
mistake 77
mixed 132
modern 122
monastery 130
Monday 18, 50
money 41
money order 75
month 79
monthly 90
monument 71, 72
morning 17, 29
motel 128
mother 113
motorcycle 100
motoring 143
motor racing 146
mountain 128
mountain climbing 128, 143
moustache 107
move 147
to move in 115
much 17, 18, 28
multiplication 45
to multiply 45
mumps 140
museum 71, 124
mushroom 63
music 100, 121
musical 99
musician 110, 122
must 29
mustard 60
mutton 63
my 18, 50

N

nail 96, 97
name 20
narrow 47
narrow-brimmed 96

national 72, 102
nationality 40
natural 124
near 58
neat 116
necessary 141
necklace 97
need 58, 81
neighbour 126
nephew 114
nerve 141
net 147
never 20
new 19, 46
news 90, 126
newspaper 110
newsreel 120
newsstand 30
next 27, 49
nice 138
night 17, 49
nine 42
ninety 42
nippy 51
no 25, 64
nobody 77
non-representational 124
non-smoker 31
noodle 62
noon 109
normal 53, 140
Norwegian 40
note book 89
nothing 138
notice 73
notification 75
novel 88
November 50
now 30, 54
nylon 81

O

object 103
to obtain 129
October 49
to offer 31, 137
office 128
often 69
oil 36, 107
old 46, 65
Olympic 145
omelette 61
one 42
one way 73
onion 84
only 65
to open 39
opera 100, 118
opera glasses 101, 121
to operate 139
opinion 25
opportunity 17, 137
opposite 67
optician 101
optional 133
orange 62, 64
orange squash 59
orchestra 120
order 39
outlook 53
outside 28, 72
overcoat 82
overheated 56
overtaking 73
overture 122
own 114
oyster 63

P

to pack 66
packet 91
to paint 124

painting 124
pair 86, 92
pan cake 64
pan pipe 100
panties 94
pants 94
paper 89
paper back 88
parade 93
parcel 75
pardon 26
park 69, 71
parking 38, 73
parsnip 85
part 107
particularly 71
to pass 133
passenger 32, 34
passenger plane 32
passport 38
paste 96
pastime 143
patient 141
pattern 94
pawn 147
to pay 31, 39, 54
peach 64
pear 64
pearl 97
peasant belt 103
peasant blouse 103
peasant girdle 103
peasant skirt 103
pedestrian 73
pen 89
pencil 44, 46
pendant 97
to pension 110
pepper 60
perfect 33, 36
performance 120

perfume 96
period 99
permanent 108, 125
petrol-station 68
phone 27
photograph 128
photographic 99
physics 111, 132
piano 122
pickles 84
picture 118
pie 64
piece 147
pig 103
pillow 57
pineapple 62
pink 46
pipe 91
pitching 35
place 72
placing 144
to plan 128
plane 32
plant 74
plastic 95, 141
plate 60, 98
platform 30
to play 121, 143
player 147
pleasant 35
please 22, 23
pleasure 18
plug 115
plum 64
plus 45
pneumonia 140
pocket 87, 105
poet 111
polisher 98
pool 145
poor 15, 47

poplin 81
pork 63
portable 125
porter 55
portrait 125
possible 22
postage 75
postcard 75, 90
postman 78
post office 66, 74
potato 63
pound 39
powder 96
to practice 148
preparation 142
to prepare 133
prescription 142
pressure 36
primary 131
print 75
printed matter 75
producer 110
profession 108
programme 121, 122
promise 23
to pronounce 16
pronunciation 15
prophylactic 142
to provide 80
publication 87
to publish 89
pudding 64
to pull out 141
pulse 139
pupil 131
pure 93, 104
purpose 38
to put 22, 70
to put up 79
pyjama 94

Q

qualifications 110
quality 46
quarter 50
quay 34
question 21
quite 24

R

racing 146
rack 31
racket 100
radiator 36, 56
radio 125
raglan 92
railway 67
rain 53
to rain 49, 52
raincoat 92
rainy 52
raspberry 64
rate 41
ray 139
razor 142
to reach 75
to read 30, 135
reader 90
ready 105
ready-made 103
to realize 26
rear 37
to receive 75
recently 137
reception 125
recital 122
to recommend 79, 105
record 145
red 46
to refill 36
refrigerator 98, 115
regard 18

registered 75
regret 26
regularly 116
relation 79
relationship 112
to remain 45
to remember 16
to remind 20
repair 37, 51, 74
repair-shop 37
to repeat 16, 26
reproduction 125
request 21, 22, 68
to require 140
research 130, 134
researcher 136, 137
reservation 30
reserved 31
to resign 147
rest 57
restaurant 32, 55
restorer 142
result 144, 145
return 30
ribbon 94, 102
rice 64
rich 47
riding 146
right 30, 67
ring 97
to ring 54, 76
to rinse 107
ripe 47
roastbeef 63
Romania 68
Romanian 16, 87
room 44, 53, 79
rose 102
rough 35
round 46
roundabout 73

route 33
row 120
rubber 89
rugby 144
to run 51

S

safety 58
sale 74
salt 60, 61
same 19
sandwich 61
satiated 47
Saturday 50
to say 20, 21
scarf 94
scarlatine 140
scenery 129
scent 97
schnitzel 63
school 131, 132
schooling 110
science 133
scientific 130
screen 127
sculpture 124
sea 35
sea sick 35
season 128
seat 26
second 45
secondary 131
to see 17, 18, 20
to see off 30
selection 99
to sell 81
semi final 144
semi woollen 104

to send 55
sensitive 138
September 49
serious 23, 138
to serve 59
service 60
serviette 59
set 99
to set in 52
to set up 137
to settle 52
seven 42
seventy 42
several 68
shade 92
shady 117
to shake 140
shallow 47
shampoo 107
sharp 46
shave 107
to shave 57
she 19, 43
shears 117
shed 117
to shift 59
shirt 81
shoe 85, 86, 106
shoehorn 86
shoemaker 106
shop 102
shopping 80
short 46, 67
short circuit 37
short-sighted 101
to show 81
shower 57
sick 35
sickness 35
sight 20
sightseeing 71

sign 73
signal 126
signature 54
silk 104
silver 89, 145
single 114
singlet 94
sir 78
sister 114
to sit 22, 35
site 72
size 99
skating 146
skating rink 145
to ski 143
skirt 93, 106
slang 17
sleep 57
to sleep 56, 57
sleeping tablet 142
slide 99
slip 94
slipper 57, 106
slippery 37
to slow down 38
slowly 37
small 46
smell 96
to smell 115
to smile 128
to smoke 22
smoked 63, 84
smoker 31
smoking 73
snack 60, 62
snake 86
snap 128
so 24
soap 142
sock 94
soda 64, 65

soft 47
sole 86, 106
solo ist 122
some 64
something 58, 138
son 133
soon 22, 48
sorry 20
sound 119, 125
soup 60, 62
sour 47
Soviet 40
spade 117
sparkling-plug 37
to speak 15, 16, 20
speech 16
speed 37
to spell 16
to spend 73, 118
spinach 85
to sponsor 137
spoon 60
sport 106, 143
to sprain 138
spray 97
spring 50
stadium 144
stall 120
stamp 75
to stand 70
to start 31
station 31, 36, 67
stationer 89
to stay 18, 39, 53
steamer 34
stereophonic 119
stew 63
steward 35
stewed fruit 65
still 17

stock 81
stocking 94
stomach 138, 139
to stop 31, 38, 70
store 66, 71, 91
storm 53
straight 48
straw 95
street 37, 55
stress 17
to strike 50
string 100
strong 144
student 113, 131
stupid 47
sturgeon 63
style 147
subject 132
subscribtion 90
to subtract 45
subtraction 45
sugar 60, 61
to suggest 21, 71
suit 58, 91, 95
to suit 27, 54, 80
suit-case 31, 39
suite 99
sulphur 129
summer 50
sun 51, 101, 129
Sunday 18, 27
surname 38
suspender belt 94
Swedish 40
sweet 47, 65
sweet-shop 85
to swim 143
swimming 145, 146
Swiss 40
symphonic 122
system 130

T

table 116
tablet 142
tackle 100
to take 67
to talk 16
tall 46
tank 36
tariff 54
taste 61, 66
taxi 55, 70
taylor 103
tea 61, 83
teaspoon 60
to teach 131
team 143
technician 109
technicolour 119
teenager 113
telegram 75
telephone 76
television 125
television set 127
temperature 53, 138
ten 42
tennis 100, 143
term 134
terminal 69
terylene 81
thalasso-therapy 129
thank 28, 29
to thank 28
that 88
to thaw 52
theatre 27, 118, 120
then 118
theoretic 136
there 22, 24
these 86
thesis 134

thick 33
thin 46
thing 80
to think 138
thirst 59
this 130
thorough 140
three 42
throat 138
to thunder 52
ticket 30, 31
to tidy up 57
tie 94
tight 86
time 17, 48
tin 83
tinned 84
tired 56, 123
to toast 61
tobacco 91
tobacconist 90
today 138
toe-cap 86
toffee 85
together 20
tomato 59, 62
tomorrow 18, 24
too 35, 137
tool 117
tooth 96, 141
top 72
torch 98
tortoiseshell 101
to touch down 33
tourist 128
town 66
track 145
trade 108
trade union 112
train 29, 34

to train 110
trainer 145
tram 69
transistor 125
travel 34
to travel 32, 34, 35
travel agency 32
travelogue 119
treatment 129
tree 74, 117
triple 97
trolley-bus 69
to trouble 22
trousers 92
trout 63
true 22, 24
trumpet 122
trunk 77
truth 26
to try 48, 105
tuberculosis 140
Tuesday 49, 50
tumbler 98
turkey 63
turn 108
to turn off 31, 126
to turn on 31,126
twelve 42
tyre 37

U

ugly 46
uncle 113
underskirt 94
to understand 15
unhappy 47
university 110, 131
USA 75
to use 16, 17, 54, 76
usually 60

V

vacant 59
vacuum cleaner 98
valve 125
vanilla 65
varnish 96
vase 98
vegetables 62, 64
vermouth 65
very 15, 20
vest 94
vinegar 60
violin 100
visa 39
visibility 33
visit 27, 68
to visit 124
vocal 123
volley ball 143
volume 136

W

to wake up 57
to wait 108
waiter 59
waiting room 32
walk 27, 49
wall 97, 115
waltz 123
to want 21
wardrobe 116
warm 47
to wash 57, 58
watch 50, 97
water 59
to water 116
watercolour 90
wax 101
way 36, 37
weak 61
to wear 85, 107
weather 47, 51

weather report 126
weaver 109
wedding-ring 97
Wednesday 27, 50
week 17, 27, 32
weekly 90
to weigh 33, 44
weight 144
weight lifting 144
welter weight 147
west 125
Western 119
wet 47
what 16, 21, 137
wheel 36
wheelbarrow 117
when 31, 72
where 15
which 145
whisky 65
white 46, 102
who 21
wide 44
wife 18, 105
wild 102
to win 143

window 33, 59
windy 51
wine 65, 98
winter 50
wireless 125
wish 18
wool 93, 104
word 16, 17
to work 112
worker 109, 112
world 145
worth 72
wresting 144
to write 118
writer 110
wrong 26, 66

Y

yellow 46
yesterday 49
yoghurt 61
you 15, 16, 60
young 113, 136
Yugoslav 40

A

abia 71
a se abona 90
abonament 90
a absolvi 110, 134
ac 94
academie 136, 137
acasă 17, 28, 49
accelerat 140
accent 17
accident 36
a se accidenta 143
aceasta 16, 20, 135
acela 24, 125
acești 86
acolo 22, 24, 32
a acoperi 80
acord 24, 25
a acorda 20, 123
acordeon 100
acru 47
act 121
actor 110
actriță 110
actualitate 120
acțiune 121
acuarelă 90
acum 20, 30, 54
adesea 79
adevărat 22, 24
adînc 47
adîncime 45
admirabil 72
a admite 25, 133
admitere 133, 134
adolescent 113
adresă 38, 76, 79, 102

a aduce 59, 105
adunare 45
aer liber 146
aerian 32
aeroport 32, 33
afacere 27, 29, 111
afară 28, 72
afirmare 137
a se afla 58
african 40
afumat 63, 84
agendă 89
agenție 32, 66, 73
agitat 35
agrafă 90
agricultură 111
agronomie 111
aici 24, 28
a ajunge 32, 48, 75
a ajuta 20, 21, 22, 136
ajutor 22, 28, 74
(prim) ajutor 142
alaltăieri 49
alarmant 138
alături 41
alb 46, 102, 147
albanez 40
albastru 46
alcoolic 65
alegere 58
alergare 145, 146
ales 26
alpinism 128, 143
altceva 83, 85
altitudine 33
alunecos 37

amabil 71
amator 118
ambasadă 38, 66
american 40
amiază 48, 84
a-şi aminti 16, 20, 23
amîndoi 120
an 15, 17, 18
ananas 62
ancoră 34
a angaja 110
Anglia 36
animat 119
anotimp 52
anticariat 88
antiseptic 142
antrenament 143
antrenor 145
antricot 63
anumit 132
a anunţa 22, 28, 53
aparat 58, 70, 76, 98, 99, 126
apariţie 87
apartament 115
a aparţine 77
apă 59
apă de colonie 96
apă minerală 64
a apărea 88
aplicat 136
a aprecia 29
aprilie 49
a aprinde 91
aproape 15, 50, 121
a se apropia 50
apropiere 41
apropo 74
aptitudine 15
aragaz 115
a se aranja 57
a arăta 22, 66, 87
arătos 113
a arbitra 145

arcuş 100
a arde 115
ardei 60, 85
argint 89, 145
argotic 17
arheologic 129
arhitect 111
arhitectură 72, 134
aritmetic 42, 45
armă 100
artă 71, 72, 124
articol 82
artist 125
artistic 119
artizanat 102
aruncare 146
a asculta 126
ascuţit 46, 86
asemenea 19
a (se) asigura 31, 76
a asista 134
a se asorta 58, 95
asortat 65
aspirator 98
aspru 104
asta 21
astăzi 48, 51, 80
astronomie 111
aşa 17, 24
a aştepta 22, 24, 26, 55, 108
aşteptare 32
atelier 37, 112
atenţie 73
a ateriza 33
aterizare 33
a atinge 113
atît 22, 136
atlet 145
atletism 145, 146
a atrage 71
atunci 118
august 49
aur 101, 141

australian 40
austriac 40
autocar 73
automat 89
autobuz 32, 67
automobil 36, 139
automobilism 143, 146
autovehicul 45
a auzi 21, 77
avantajos 82
a avea 15, 17, 27, 136
avion 32, 34, 75
avocat 111

B

baga 101
bagaj 31, 32, 39
baie 54, 57, 115, 129
balcon 120
ban 41
banană 64, 85
bancă 38
bancnotă 41
bar 55
barbă 107
baschet 144
a bate 50
baterie 37, 98
batic 94
batistă 94 95
baton 85
bazin 145
băcănie 83
băiat 113
bărbat 91
bărbătesc 93, 96
a se bărbieri 57
bărbierit 58, 107, 142
băut 59
băutură 65
a bea 28
beletristică 87

benzină 36, 68
berbec 63
bere 65
beretă 95
bibliotecar 136
bibliotecă 43, 135
bicicletă 100
biftec 63
bijuterie 97
bilet 30, 31, 34
bine 15, 24, 57
binoclu 101, 121
biologie 111
birou 32, 38, 41, 73
biscuiți 65
biserică 72
bleu 92
blînd 52
bloc 114
blocnotes 89
blond 114
bluză 93, 105
boală 140
bocanci 101
bogat 47
bolnav 138
bomboane 65
bombonerie 85
bord 33, 34
botanică 72, 111
box 101, 144, 146
bras 148
brățară 97
bretele 94
brichetă 91
brici 142
britanic 40, 66
brînză 61
brodat 103
broderie 103
bronz 145
broșat 88
broșă 97

bucată 67, 142
bucate 88
bucătărie 66, 115
buchet 102
a se bucura 17, 30
budincă 64
bujie 37
buletin 126
bulevard 68
bulgar 40
bun(ă) 17, 24, 46
bunic(ă) 114
burlac 114
a burniţa 52
bursă 131, 134
buton 95
buză 96
buzunar 87, 105

C

cabană 128
cabină 35, 92
cablu 74
cacao 61, 83
cadou 39, 81, 97
cadru 131
cafea 61, 83
cafeniu 46
caiet 89
caisă 64
calapod 86
cald 31, 47
a călca 73, 123
cale ferată 112
calendar 89
a se califica 110
calificare 110
a calma 141
calmant 142
cameră 44, 53, 79, 116
camping 128
campion 144, 145

campionat 144, 145
canotaj 146
cap 138
capă 119
capăt 69
capot 94
car 17
caramelă 85
care 145
carne 63
carpetă 103, 115
carte 43, 76, 87, 88, 136
carte poştală 75, 90
cartof 63
casă 46, 114
casă (de plată) 82
cască 101
casetă 99
catalog 88
categoric 25
categorie 147
catrinţă 103
cauciuc 37, 106
a căuta 16, 21, 35, 68
caval 100
caz 24, 52
cazare 80
cazma 117
că 25
căciulă 96
a cădea 17, 107
călărie 146
călător 68
a călători 32, 34, 35
călătorie 19, 29, 34, 56
călduros 51
căptuşeală 104
cămaşă 81, 94, 96
cămin 134
căpitan 145
căpşuni 64
cărare 107
cărbuni 115

căsătorie 19
căsătorit 113
ce 16, 21, 137
ceai 61, 83
ceainic 98
ceapă 84
ceară 101
cearşaf 57
ceas 50, 97
ceaşcă 60, 61, 98
ceaţă 51
cec 39, 41, 82
a ceda 147
ceh 40
celebru 120
centimetru 45
central 56, 115
centrală 77
centru 130, 147
centură 94, 103
cenuşiu 46
cerc 45
cercei 97
cercetare 130, 134, 136
cercetător 136, 137
a cere 21
cerere 68, 110
cetăţean 40
ceva 20, 23, 58, 138
chei 34
cheie 23, 54
chelner 59
a chema 70, 139
chestiune 23, 25, 48
chiar 24
chibrit 91
chilipir 82
chiloţi 94, 101
chimie 111, 132
chimir 103
chinez 40
chioşc 30
chipeş 113

chiuvetă 107
ciclism 145, 146
cimpoi 100
cină 62
cinci 15, 50
cincisprezece 42
cine 21
cinema 118
cinemascop 119
cineva 68, 140
ciocan 146
ciocolată 65, 85
ciorap 94
ciorbă 62
a circula 69
circulaţie 73
a citi 30, 135
citire 17
cititor 90
ciuperci 63
cizmar 106
cîmp 45
cînd 31, 72
cîndva 23
a cînta 121
a cîntări 33, 44, 75
a cîştiga 110, 143
cîte 131
cîteva 15, 17, 68
clar 125
clasament 144
clasă 30, 34, 131
clasic 122
clădire 72
a clăti 107
clătite 64
climateric 130
clipă 20, 34
club 145
a se coafa 107, 108
coafor 23, 107
coafură 107, 108
coardă 100, 122

a coborî, 35, 58, 69
cocoş 147
a colecţiona 118
colet 75
colier 97
colţ 35, 59
a comanda 59, 104, 106
comandă 58, 59
combinezon 94
comedie 119
comentariu 126
comisionar 83
comod 86
compartiment 30, 31
complet 80, 109
a completa 39, 41, 54
complicaţie 141
compliment 18
compot 65
compozitor 110, 114
a compune 147
concediu 109, 110
concert 118, 121
concurent 147
concurs 145, 146
condiţie 82, 132
a conduce 30, 37, 136, 143
conducere 38
confecţii 91, 93
a conferenţia 134
confirmare 75
confortabil 80, 116
congres 137
coniac 65
conopidă 84
conservat 84
conservă 83
consimţămînt 24
construcţie 111
a construi 72
a consulta 140
consultaţie 139
a consuma 98

consumat 37
contabil 111
contagios 140
control 38
a controla 36
convalescenţă 141
a conveni 27, 54, 80
a conversa 16
conversaţie 20, 87
convorbire 76, 77
copac 74, 117
copie 124
copil 87, 93, 113
copt 47
coral 123
corespondent 110
corespondenţă 75, 76, 134
coroană 102, 141
corp 138
cortină 121
cosmetică 96
a costa 30, 69, 81
costum 58, 91, 95, 102, 121
coş 102
cotidian 90
cotlet 63
covor 99, 103
cowboy 119
crap 63
craul 148
cravată 94, 95
a crede 19, 20, 21, 112
creion 44, 46
cremă 96
a creşte 113
crichet 143, 144
crin 102
cristal 98
critică 88
crizantemă 102
croială 104
croitoreasă 105
croitorie 103

cronometru 97
a croșeta 118
crud 47
cu 130
cuartet 122
cubanez 40
a se culca 56
culcare 48
culoar 73, 74
culoare 46
a cultiva 117
cultivat 102
cum 16
cumnat 114
a cumpăra 34, 80, 81, 95
cumpărături 80
cumul 109
a cunoaște 15, 18, 19, 68, 136
cunoștință 15, 16, 19
a cuprinde 54
curat 46, 116
curățenie 73, 80
curățitor 91
curcan 63
curea 33, 97
curent 16
curgător 16
curînd 18, 22, 48
curs 41, 131, 134
cursă 33, 146
cușetă 30, 35
cutie 47, 74
cuțit 60
cuvînt 16, 17, 75

D

a da 54, 84
a-și da seama 26
dalie 102
damă 93, 95
dans 86, 100, 123
dată 16, 35, 48, 79

deasupra 33, 74
a debarca 35
de ce 25
decembrie 50
decît 39
a declara 39
declarație 39
a decola 33
decor 121
decorație 116
a decurge 141
defect 76, 125
a se defecta 127
deltă 130
demonstrație 146
dentist 141
deocamdată 81
deosebit 23, 71, 107, 121
departament 136
departe 67, 72, 129
depărtare 35
depășire 73
a deranja 20, 22, 26, 126
des 33, 69
a deschide 22, 31, 39, 126
deschidere 147
deschis 58, 74, 124
a se descurca 22, 116
deseară 49, 118
desen 119
desert 64
desigur 19, 21, 24
despre 21, 134
destinație 75
destul 38, 62
a destupa 59
deștept 47
deșteptător 51, 97
deunăzi 49
a developa 128
developat 99
a deveni 112
devreme 47

a se dezgheța 52
dezumflat 36
diagnostic 140
diamant 97
diametru 45
diapozitiv 99
dicționar 16, 88
didactic 131
diferit 147
dificultate 17
difterie 140
dimensiune 127
dimineață 17, 29, 57
din 130
dinte 96, 141
direct 30, 32, 67
direcție 20, 66, 67
a dirija 122
disc 99, 100, 127, 146
disciplină 132
distanță 67, 72, 146
distracție 18, 117
distribuție 121
a distruge 74
divan 116
doamnă 19, 20, 78
docher 109
doctor 114, 139
doctorat 134
documentar 119
doi 42
al doilea 43, 144
doisprezece 42
domiciliu 54, 83
domn 19, 27
domnișoară 78
domol 48
a dori 18, 21, 24, 54
a dormi 56, 57
dormit 31
dormitor 99, 115
două 105
douăzeci 42

dragă 78
dragoste 79
drăguț 29, 79, 92, 113
dreapta 30, 67
drept 48
drum 36, 37, 66
dublat 119
dublu 96
a se duce 21, 56
dulce 47, 65
dulceață 61
duminică 18, 27
dumneata 60
dumneavoastră 15, 16
după 56, 70
a dura 34, 52, 120
a durea 138, 139
durere 138, 139, 141
dureros 141
dus 30
duș 54, 57

E

ea 19, 43
echipament 101
echipă 143
economic 111
ecran 127
ediție 87, 88
a efectua 134, 136
egalitate 144
egiptean 40
ei 24
el 43
a elabora 137
electric 58, 80, 98
electrician 112
electronică 111
electrotehnic 109
elegant 93, 104
elev 131
elvețian 40

enciclopedie 136
energetică 111
englez 40, 88
engleză 15, 16
englezesc 15, 38
englezeşte 15
epocă 99
a epuiza 81, 88
escală 33
eşarfă 94
etaj 53, 115
eu 23
european 148
exact 126, 133
examen 132, 134
a examina 140
excelent 144
excursie 66, 72, 128
exemplar 88
exerciţiu 16, 143
a exista 128, 129
a expedia 74
a expira 139
expoziţie 71, 124
expres 30
expresie 16, 17, 53
a exprima 18, 21
extern 142
a extrage 141
extrem 26

F

fabrică 112
a face 15, 17, 18, 19, 21, 72
facultativ 68, 133

faleză 130
fals 141
familie 18, 112
fantastic 87
far 35, 37
farfurie 60, 98
farmacie 140, 142
fasole 63, 64, 84
fată 113
faţă 96
faună 129
februarie 49
a felicita 19, 114
felicitare 19
femeie 93
fereastră 33, 59
a feri 74
feribot 34
fericit 19, 47
festival 119
fetru 96
a fi 15, 17, 20, 21, 23
a fi înainte 50
a fi în urmă 50
fibre sintetice 104
ficat 63
fiecare 70
fierbinte 47
fier de călcat 98
fiică 113
film 99, 118, 119, 128
filtru 91, 99
fin 104
finală 144

177

finlandez 40
fir 76
firește 24, 135
firmă 111
fișier 136
fiu 133
fix 50
a fixa 27, 141
fixare 27
fixator 99
fizică 111, 132
flaut 122
flămînd 47
floare 102
floră 129
florărie 102
fluier 100
fluture 148
foame 59, 60
foarfece 117
foarte 15, 20, 28
foc 22, 74
foen 108
folos 20
a folosi 16, 17, 54, 76
folosire 140
for 137
formă 95, 143, 144, 147
formular 54, 75
formulă 17, 19
fortăreață 129
fotă 103
fotbal 101, 143
fotogenic 128

a fotografia 127
fotografiat 99
fotografic 99
fotografie 127
fotoliu 120
fragi 64
francez 40
franceză 89, 132
frate 114
frecvență 131
frescă 130
frig 51, 52
a frige 63
frigider 98, 115
frizerie 55, 107
frînă 37
fructe 65, 84
frumos 46, 51
frunte 121
fulgarin 52, 92
a fulgera 52
a fuma 22, 91
fumat 73
fumător 31
a funcționa 36, 37, 56
funcționar 109, 111
fular 94
fulgi de cereale 61
fundaș 147
furculiță 60
furou 94
furtună 53
fustă 93, 106

G

galanterie 94
galben 46
galerie 71, 72, 124
a gara 55
garafă 98
garaj 55
garantat 95
gară 29, 67, 70
gard 117
garderobă 121
garnitură 99
garoafă 102
a găsi 16, 21, 31
gata 23, 58, 103
gaz 115
gazdă 146
găleată 52
găluşti 62
a găsi 31, 136
a găti 80, 117
a găzdui 79
geamantan 31, 39
gem 61
general 53
geologie 111
ger 52
german 40
gheaţă 145
ghete 106
ghid 72, 87, 124
ghinion 26
ghişeu 75
ghitară 100

ghiveci 63
gimnastică 146
gin 65
giratoriu 73
a se gîndi 92
gît 138
gleznă 138
gol 47
golf 144
grabnic 141
a se grăbi 18, 22
grad 53, 112
grapefruit 85
gratuit 132
grav 23, 36, 139
gravură 124
a se grăbi 31, 48
grădină 72, 114
grătar 63
greblă 117
grec 40
greşeală 77
a greşi 25, 26
greşit 26, 66, 77
greu 16, 47, 79, 147
greutate 41, 75, 146
gri 46
grijă 52
grindină 52
gros 46
guler 81, 94
gumă 85, 89
gust 61, 66, 91
gustare 60, 62

H

habar 24
haină 92, 104
halat 57
haltere 144
hartă 87
hectar 45
hering 63
hipic 146
hîrtie 41, 89, 99
hochei 144, 145
homar 63
a se hotărî 92
hotel 38, 53, 58

I

ianuarie 49
iarbă 73, 116
iarnă 50
iată 119
iaurt 61
idee 24
ie 103
ieftin 47, 82
ieri 49
a ierta 20, 26
a ieși 54
ieșire 32, 73
a ilustra 125
imediat 23, 70
impecabil 15
importanță 21, 26

imprimat 75
indian 40
indicator 73
indigo 89
indispensabili 94
industriaș 111
inel 97
infecțios 140
informație 73
inginer 109, 111
a inspira 120, 130
instalație 56, 115
institut 133, 136
instrument 99, 121
a intenționa 39, 53
a interesa 71, 129, 133
a se interesa 29
interesant 71, 72
interior 116
intern 142
a se interna 140, 141
internat 132
internațional 77, 137
interpret 121
a interpreta 121
intersecție 38, 67
interurban 77
interval 53
interzis 38, 73
a intra 28, 35, 95, 133
intrare 73, 125
a introduce 76, 147
a invita 27, 123
invitație 27

ireproşabil 36
istoric 71
italian 40
a iubi 129
iugoslav 40
iulie 49
iunie 49
iute 85
izvor 129

Î

a se îmbarca 35
a îmbătrîni 114
îmblăhit 106
a se îmbogăţi 16
a se îmbolnăvi 139
a se îmbrăca 57, 58
îmbrăcat 58
a împacheta 83, 87
a împărţi 45
împărţire 45
a împlini 112
împotrivă 22, 25
împreună 20
a împrumuta 22, 135
înaintaş 147
înainte 32, 50, 109
înalt 46, 74, 106
înapoi 36
înăbuşitor 51
înălţime 44
a încasa 41
încă 18, 23
încălţăminte 85

încălţător 86
a se încălzi 56
încălzire 56, 115
a încărca 37
a începe 20
a încerca 48, 105
încet 37
a încetini 38
a încheia 78
încheietură 138
încîntat 19
a închide 31, 126
a închiria 80
închiriere 79
închis 58
încotro 129
a încuia 54
îndatorat 28
îndeaproape 91
îndeletnicire 143
îndeosebi 71
îndoială 25
a îndruma 66
înec 74
înfăţişare 112
a înfiinţa 137
a înflori 116
a îngheţa 52
îngheţată 65
a se îngrăşa 103, 139
a se îngriji 19, 116
îngust 47
a înlocui 37, 101
a înmulţi 45
înmulţire 45

înnorat 51
înot 145, 146
a înota 143
a înregistra 33
însănătoşire 141
a înscrie 133
a însemna 16
a se însenina 52
a însoţi 72, 118
însoţitor 124
însuşire 46
a se înşela 25
a înştiinţa 135
înştiinţare 74
a se întinde 86
întîi 43, 81
a se întîlni 27
întîlnire 27
a se întîmpla 21
a întîrzia 22, 30, 49
a întoarce 17, 18, 49, 51
întocmai 24
întors 30
într-adevăr 24, 135
între 32, 62, 139
a întreba 20, 21, 67
întrebare 21, 23
întrecere 146
întreg 122
întrevedere 27
a înţelege 15, 25
înţelegere 17
a întrerupe 30
a învăţa 15, 17
învăţămînt 130

a se învîrti 33
a se învoi 109
înzestrat 135

I

jachetă 93
jambiere 101
japonez 40
jartieră 94
jaz 123
a jena 86
a jigni 26
joc 143
joi 50
jos 73, 106
a juca 121, 143
jucător 147
jumătate 49
jupon 94
jurnal 120
justiţie 111

K

kilogram 84
kilometru 67

L

la 132
laborator 112
lac 86, 96, 108
lalea 102
lamă 58, 97

lampă 125
lanternă 98
lanţ 97
lapte 61, 85
larg *(subst.)* 35
larg *(adj.)* 46, 47
lat 86
latină 132
lăcătuş 109
lămîie 60, 62
a lărgi 105
a lăsa 22, 54
lăţime 44, 93
lectură 135, 136
lecţie 17, 131
legal 37
legat 88
legătură 25, 26, 30, 77, 101
legume 62, 64, 84
lemne 115
lenjerie 94
lentilă 99, 101
leu 41
liber 27, 47, 59, 76, 117
librărie 87
libret 100
lichior 65
lied 122
lift 54
limbă 15, 16, 17, 139
limită 45
limonadă 59
lînă 93, 104
lîngă 59
lingură 60, 140

lingurită 60
linie 30, 89
liniştit 35, 80
a lipsi 16, 17
liră 39
listă 59, 81
literar 16
literatură 87, 133
literă 75
litoral 129
livrare 83
loc 21, 26, 31, 38, 72, 128
local 125
localitate 72
a locui 68, 114
logodit 114
lojă 120
a lovi 139
a lua 17, 22, 67, 69, 98
a lucra 24, 48, 74
lucrare 87
lucru 20, 25, 74, 80, 108
lui 113, 136
lume 122
lumină 45
lunar 90
lună 79
lung 46, 104
a lungi 105
lungime 44
luni 18, 50
lupă 101
lupte greco-romane 144
lupte libere 144
lustruit 98

M

magazie 117
magazin 66, 71, 80, 91, 102
magic 126
mai 49, 56
mai *(adv.)* 130
maiou 94, 100
majorat 113
malarie 140
mamă 113
mandat 75
mandolină 100
manichiură 108
manifestare 148
manşetă 94
manta 92
manual *(adj.)* 86
mapă 89
a marca 74
marcă 36, 90, 127, 142
mare *(subst.)* 35, 128, 129
mare *(adj.)* 46
margarină 83
maro 92
martie 49
marţi 49, 50
masă 22, 59, 80, 116
materie 131
material 93, 105
matematică 111, 133
maşină 36, 37, 38, 115
maşină de spălat 98
maşină de tocat carne 98
maxim 37

mazăre 62, 64
mănăstire 130
mănuşi 81, 101
măr 47, 64
mărime 99
mărit 99, 128
măruntaie 62
mărunţiş 41, 69
măsură 42, 81
mătase 104
mătuşă 113
mecanic 109
meci 144
medalie 145
medalion 97
medicament 140
medicină 111
medie 110
medieval 72
membru 112, 136
menaj 115, 117
a se menaja 19
a menţine 52, 95
a merge 16, 18, 20, 21, 29
a merita 22, 72
mers 29
mesaj 28
meserie 108
mestecat 85
metal 101
meteorologic 126
metodă 137
metru 81
meu 18, 50

mic 46
micul dejun 55, 58, 60
microsion 100
miel 63
miercuri 27, 50
miez 50, 70
mijloc 107
mijlocaş 147
milă 36
mileu 103
miliţian 67
miliţie 78
minèr 109
minge 100, 147
minor 113
minut 70
miop 101
mire 114
mireasă 114
miros 96
a mirosi 115
mişcare 147
mixt 132
mîine 18, 24
mînă 22, 138
a mînca 58, 60
mîncare 59, 62
a mînui 88
moale 47
moarte 74
mobilat 79
mobilă 99
mod 148
modă 93, 108

model 81, 93, 94
modern 106, 122, 137
modificare 105
mondial 145
monedă 41, 76
monoton 123
monument 71, 72
morcov 64, 84
mostră 104
motel 128
motiv 110
motocicletă 100
motor 36
mult 17, 18, 28
mulţime 80, 128
a mulţumi 23, 28
mulţumire 28, 29
mulţumit 107
muncă 110
muncitor 109, 112
munte 128
murături 84
murdărie 74
musafir 118
muscă 147
mustaţă 107
muştar 60
mut 119
a se muta 59, 80, 115
muzeu 71, 124
muzical 99
muzică 100, 122

N

nai 100
nailon 81
a se naşte 113
naştere 18, 49, 54
natural 124
naţional 72, 102, 128
naţionalitate 40
nămol 129
neapărat 130
necăsătorit 114
necesar 141
nefericit 47
nefumător 31
neglijeu 94
negreşit 24
negru 147
a se nelinişti 138
nepot 114
neregulat 140
nerv 141
nevoie 58, 81
nicidecum 26
niciodată 20
nimeni 77
nimic 24, 26, 138
nisetru 63
nişte 64
noapte 17, 49, 57
noi 143
noiembrie 50
nonfigurativ 124
nor 33
normal 53, 140

normă 109, 134
noroc 19, 65
norvegian 40
notă 55, 60, 82, 133
nou 19, 46
nouă 42
nouăzeci 42
nu 18, 24, 25, 64
nuanţă 92, 93
numai 19
număr 33, 54, 76, 136
a număra 42, 131
nume 20, 26, 38
a se numi 19
numeral 42
numerar 39, 82

O

oară 68
oaspete 116
obicei 60
obiect 39, 98, 103
obiectiv 71
obişnuit 92
obligatoriu 131
obligaţie 27
obosit 56, 123
a obţine 45, 120
ocazie 17, 18
ochelari 101
ochi 126
ochiuri 61
octombrie 49
a ocupa 70, 136

ocupare 110
ocupat 20, 31, 47
ocupatie 117'
odihnă 128
a se odihni 57
a oferi 31, 137
oficiu 128
oficiu poştal 66, 74
olandez 40
olimpic 145
om 24
omletă 61
onomastică 18
a opera 139
operaţie 42, 45, 141
operă 100, 118, 121
a opri 31, 38, 50, 70
opt 42
optic 101
optsprezece 42
opus 67
oranjadă 59
oraş 66, 70
oră 30, 34, 36
orbitor 51
orchestră 120
ordine 22, 39
oreion 140
orez 64
a organiza 128
orice 29
a se orienta 66
ospătar 60
oţet 60
ou 61, 83

P
pachet 66, 82, 90
pacient 141
pagină 90
pahar 59, 60, 98
pai 63, 95
palton 92, 93
pană 37, 147
pandantiv 97
panglică 94, 102
panoramă 72
pantaloni 92, 105
pantof 85, 86, 106
papetărie 89
papuc 57, 106
paradă 93
pară 64
parc 69, 71
păr 97, 108
parcare 38, 73
parchet 98
a parcurge 36, 146
pardesiu 82, 92
parfum 96
parte 18, 107, 129
partener 123
parter 58, 115
particular 74
partidă 147
partitură 100
pasager 32, 34

pasăre 62
a pasiona 121
pasionat 90
pastă 89, 96
paşaport 38
pat 53, 116, 138
pateu 65
patinaj 146
patinoar 145
a patrona 137
patru 42
patruzeci 42
pauză 109, 143
păcat 81, 137
pălărie 95
păpuşă 102
a părea 16, 18, 19
părere 25
a-i păsa 25
păstîrnac 85
a păstra 60, 73, 95
păstrăv 63
pătrat 45, 46
pătuc 116
pătură 116
peisaj 129
pensie 110
a se pensiona 110
pensiune 38, 79, 80
pentru 15, 29
penultim 69
pepene 64

perdea 115
pereche 86, 92, 101
perete 97, 115
perfect 33, 36
pericol 73, 74
perie 97
perimetru 44
perioadă 97
perişoare 63
periuţă 96
perlă 97
permanent 108, 125
permanenţă 116
a permite 22
permis 38
pernă 57, 116
peron 30
persoană 59
personal (adj.) 39, 125
personal (subst.) 30
pescărie 84
pescuit 100, 146
peşte 62, 63, 84
a petrece 73, 118, 128
petrecere 18
pian 122
piaţă 127
picături 139
picior 123
a picta 124
pictură 124
picup 126
piele 86, 88, 103

a se pieptăna 57
a pierde 22, 30, 143
pierdere 48
piersică 64
piesă 120, 147
pieton 73
pijama 94
a pili 108
pion 147
pioneză 90
pipă 91
piper 60
pireu 63
pistă 145
pîine 61, 64
pînă la 30
pînză 124
a plăcea 21, 23, 32, 36, 44, 71, 129
plăcere 18
plăcintă 64
plăcut 18, 35
plajă 129
plan 137
planorism 146
plantă 74
plasă 31, 147
plastic 95; 141
plată 55, 60
platformă 70
a plăti 31, 39, 54, 82
a pleca 18, 22, 29, 48, 69
pliant 116
plic 89

a se plimba 117
plimbare 27, 49
plin 47
ploaie 53
ploios 52
a plomba 141
a ploua 49, 52
plus 45
pneumonie 140
poartă 74
poet 111
poftă 138
a pofti 22
pojar 140
polei 52
polițist 119
polonez 40
pompier 78
poplin 81
popular 72, 100, 124
porc 63, 103
a porni 31, 36
port 35
portabil 125
portar 55, 146, 147
portjartier 94
portmoneu 103
portocală 62, 64
portret 125
porttigaret 91
porțelan 98
porție 63
posibil 22
posibilitate 118, 128, 137

post 110, 125
post universitar 134
poştaş 78
poştă 75
a se potrivi 82, 86, 92
potrivit 97
poză 128
practic 115
a practica 143, 148
praf 98
a prăji 61
prăjitură 64
prea 15, 35, 48, 137
precis 67
a preda 131
a prefera 34, 61, 104
a pregăti 55, 133
prelegere 134
a prelungi 39
premieră 121
premiu 119
prenume 54
preot 111
a prepara 142
preparat 142
presă 88, 110
presbit 101
prescripţie 142
presiune 36
preţ 80
a prevedea 133
a prezenta 19
prezentare 19
a se pricepe 143

prieten 19, 23, 46
prilej 16
primar 131
primăvară 50
a primi 27, 75, 131
primire 75
primul 43, 68, 144
principal 37, 68, 144
a prinde 30, 126
privinţă 25
priză 115
prînz 27, 62, 109
proaspăt 74, 83, 102
probabil 37
probă 92, 105
problemă 25
producător 110
profesional 133
profesor 134
profesiune 108
profilactic 142
proiectare 137
program 118, 121, 122
programă 133
proiecţie 99
promisiune 23
a pronunţa 16
pronunţie 15
a se propaga 45
propoziţie 18, 21
propriu 114
a propune 21, 71
prost 47, 144

protecţie 101
prună 64
public 76
a publica 89
pudră 96
pulmonar 140
pulover 96
puls 139
pulverizator 97
a pune 22, 31, 70
pungă 91
punte 35
pupitru 100
pur 93, 104
a purta 85, 107
purtare 85, 104
a putea 19, 20, 21, 22, 38, 105, 119
puternic 126, 144
puţin 15, 16, 48

R

rachetă 100
radiator 31, 36, 56
radio 125
radiografie 139
raglan 92
raion 84, 91, 96
ramă 101
rapid (subst.) 30
rar 16
ras 58, 97
rată 82
răceală 138

a răci 52
răguşit 138
a rămîne 45, 56
a răni 139
răspunde 77, 78
răspuns 23, 75
a se rătăci 66
rău 18, 26, 47
rău de mare 35
a realiza 145
rece 31, 47
recent 137
recepţie 125
recital 122
a recomanda 79, 105
recomandat 75
record 145
a recunoaşte 25
recunoscător 29
recunoştinţă 28
a recupera 48
refuz 25
a refuza 123
regenerator 142
regim 138
registru 100
regiune 72
regizor 110
regret 26
a regreta 25
regularitate 116
regulă 143
a relua 147
remarcabil 122

renumit 136
reparat 51
reparație 37, 74
repede 16, 70
a repeta 16, 26
reproducere 125
respect 79
a respecta 37
respirație 139
rest 53, 144
restaurant 32, 55, 58
a restitui 135
rețetă 140, 142
a se revanșa 29
a reveni 138
revistă 30, 90, 105, 136
a rezerva 30, 53
rezervat 31
rezervă 36, 89
rezervor 36
rezistent 86
rezultat 144, 145
a ridica 34
a se ridica 75
ritm 123
rînd 92, 104, 108, 120
roabă 117
roată 36
rochie 58, 93, 105
rol 121
roman 88
român 16, 40
română 17, 132

românesc 17, 87
românește 15, 16, 78
România 68
rosbif 63
rost 25
roșie 46, 59, 62
roșu 46
rotund 46
roz 46
rubin 97
rudă 79, 114
a ruga 18, 20, 26
rugăminte 21, 22
rugbi 144
ruj 96, 97
a rula 119
rută 33, 129

S

sac 101
a sacrifica 147
salariu 110
salată 65
sală 32, 136
salon 99
salut 17
salutare 18
salvare 78, 139
sandviș 61
sapă 117
sare 60, 61
sat 72, 124

a satisface 66, 132
savant 136
sălbatic 102
sănătate 110, 137
săpăligă 117
săptămînal 90
săptămînă 17, 27, 32, 55
săpun 142
sărac 15, 47
sărbătoare 19
săritură 146
sătul 47
scarlatină 140
scaun 115
a scădea 45, 82
scădere 45
scenariu 120
schi 101
a schia 128, 143
schimb 41,·109, 137
a schimba 30, 31, 36, 57, 69
schimbător 52
scoarţă 103
a scoate 106
scop 38
a scrie 16
scriitor 110
scrimă 146
scris 27, 78
scrisoare 28, 74. 78
a scrînti 138
a se scula 49
sculptură 124
scump 82

scund 113
scurt 46, 67
a scurta 105, 107
scurt circuit 37
a scutura 140
a scuza 26, 28, 66
scuză 26
seară 17, 49, 56
sec 65
secţie 88
secundar 131
secundă 45
selecţie 99
semestru 134
semifinală 144
semigrea 147
semilînă 104
semimijlociu 147
semn 73
semnal 126
semnătură 54
senin 53
sensibil 138
sens unic 37, 73
separat 115
septembrie 49
seral 131
seră 102
serios 23, 137
a servi 21, 22, 59
serviciu 21, 54, 60, 69, 98
set 99
sete 59
sezon 128

a sfătui 128
sfert 50, 83
sfîrşit 132, 148
sifon 64, 65
sigur 23, 76, 110
siguranţă 33
simfonic 122
simplu 75
a simţi 33
a se simţi 17, 86, 137
sincer 26, 78
sindicat 112
singur 147
sistem 130
sîmbătă 50
sînge 63
a sîngera 138
slab 33, 61, 83, 91
slănină 83, 84
slujbă 110
smarald 97
smîntînă 61
soacră 114
soare 51, 101, 129
a socoti 144
socru 114
solist 122
somn 56, 57
somnifer 142
sonor 119
soră 112, 113
sortiment 93, 103
sos 60
a sosi 30, 71

sosire 38
soţie 18, 105
sovietic 40
spadă 119
a se spăla 57, 58, 95
spanac 85
spaniol 40
sparanghel 85
a sparge 101
spate 37, 105, 107, 139
specialitate 111
a se specializa 133
spectacol 24, 120, 121
a spera 18, 26, 59
spital 140, 141
splendid 51
sport 106, 143
sportiv (adj.) 100, 126
sportiv (subst.) 143
sprînceană 108
spumos 65
a spune 16, 20, 21, 28
a sta 18, 20, 23, 39, 53, 70
stabil 52, 54
a stabili 137, 145
stadion 144
standard 92
stare 36
Statele Unite 75
statie 31, 36, 67, 70
staţiune 128, 129
stereofonic 119
steward 35
sticlă 59, 98

sticluță 96
stil 99, 147
stilou 89
stimat 78
stînga 67, 107
stoc 81
stofă 82, 93, 104
stomac 138, 139
stop 38, 73
stradă 37, 55, 67
străin 15, 39, 126
a străluci 51
strat 117
a se strica 51
stridie 63
strîmb 48
strîmt 46, 48, 86
a strîmta 105
struguri 64
strungar 109
student 113, 131
a studia 131
studiu 110, 133
subțire 46, 58
suc 59
succes 119
suedez 40
a suferi 53, 140
sufragerie 99
sugativă 89
sulfuros 129
sulită 146
a suna 51, 54, 76, 77
supă 60, 62

supliment 31
a suporta 33
suprafață 45
supraîncălzit 36, 56
sus 55
sută 42
sutien 94

Ș

șah 147
șampanie 65
șampon 107
șantier 74, 112, 129
șapte 42
șaptezeci 42
șarpe 86
șase 34, 42
școală 131, 132, 133
școlar 131
a ședea 22, 35
șef 111, 136
șervet 59
șezlong 35
șifonier 116
șnițel 63
a șofa 36
șofer 70, 109
șosea 37, 68
a ști 25, 28
știință 111, 133
științific 87, 130, 136
știre 90, 126
șuncă 61

T

tabletă 139
tablou 124
tacîm 59
taior 93
talasoterapie 129
talpă 86, 106
tangaj 35
tare 47, 52, 61, 77
tarif 54, 70
tartă 65
tată 113
taxare 70
taxă 69, 75, 132
taxi 55, 70
taximetru 70
a tăia 116
tăiței 62
teatru 27, 118, 120
tehnic 87
tehnician 109
tehnicolor 119
telefon 27, 76, 77
a telefona 76, 78
telegramă 75
televiziune 125
televizor 115, 127
a se teme 52, 95, 105
temeinic 140
temperatură 45, 53, 138
temporar 53
tenis 100, 143
tensiune 74

teoretic 136
terasă 72
tergal 81
termal 129
a termina 62, 144
teză 134
timbru 74
timp 15, 17, 48, 117
timpuriu 52
tinerețe 143
tipar 75
tir 146
tîmplar 109
tînăr 113, 136
tîrziu 18, 28, 47
toaletă 116
toamnă 50
toc 106
tocană 63
a se toci 106
tocmai 24, 57, 79, 136
toracic 44
tot 16, 24, 82
totuși 25
a traduce 119
traducere 87, 89
a trage 36, 115
tramvai 69
trandafir 102
transmisiune 127
a transmite 18, 126
transport 68, 69
tranzistor 125
a trata 141

tratament 129
a traversa 67
treabă 18
a trebui 18, 29, 32, 71, 107
a trece 27, 39, 133
trecere 73
trecut 19, 49
trei 42
tren 29, 34
a se trezi 49, 57
tricotaje 96
tricou 96, 101
a trimite 55, 75, 102
triplu 97
troleibuz 69
trompetă 122
trusă 142
tuberculoză 140
a tuna 52
a se tunde 107
tuns 107
tur 71
turboreactor 34
turc 40
turism 128
turist 129
turistic 128
a turna 52, 61
turnător 109
a tuşi 138
tutun 91
tutungerie 90
tuturor 18

Ţ

ţambal 100
ţară 40, 114
ţelină 62
ţesător 109
ţesătură 82
ţigară 22, 90
ţigară de foi 91
a ţine 22, 73, 81
ţuică 65

U

ucenic 112
ud 47
a uda 107, 116
a uita 16, 23, 76
a se uita 89, 91, 127
ulei 36, 107
ultim 36, 68, 87, 108
umanistic 133
umbră 117
umed 47, 51, 52
umeraş 95
a se umfla 138
a umple 36
unchi 113
undă 126
unde 15
unealtă 100, 117
uneori 117
unghie 96, 97
ungur 40
unic 73

universal 66, 91
universitar 134
universitate 110, 131, 133
unt 61, 83
untdelemn 60
unu 42
urare 18, 79
urban 68
a urca 34, 128
urgență 78
urît 46
a urma 134
a urmări 16
următor 69
a usca 108
uscat 47, 53
usturoi 85
ușor 47, 59, 86, 123
uvertură 122
uz 39, 142
uzat 103

V

vacanță 109, 134
vagon 29, 31, 32
vals 123
valută 39
vamal 38, 39
vamă 39
vanilie 65
vapor 34, 35
vară 50
varză 64, 84
vas 34
vază 98

văr 114
vechi 46, 65, 124
vecin 126
a vedea 17, 18, 20, 49
vedere 20
a veni 27, 28, 69
verde 46
verighetă 97
vermut 65
veste 21
vesteuropean 125
viață 122
vineri 50
viitor 27, 49
vin 65, 98
a vinde 81
vioară 100
viteză 36, 37, 99
vițel 63
vizavi 59
viză 39
vizibilitate 33
a vizita 70, 124
vizitare 125
vizită 27, 68
vînătoare 100
vînt 51
vînzare 74
vîrf 86
vîrstă 112, 113
vocal 123
voiaj 32, 66, 73
voiajor comercial 111
voleibal 143
volum 126, 136

a vopsi 74, 108
vorbă 15
a vorbi 15, 16, 17, 20
vorbire 16, 17
a vrea 16, 19, 20, 25, 70
vreme 47, 51, 52
vreodată 35, 140
vreun 29, 36, 41

Z

zahăr 60, 61
zbor 33
a zbura 33
zdruncinătură 33

zece 42
zero 45, 53
zgomotos 123
zi 17, 24, 32
ziar 30, 90, 136
zidar 109
zilnic 124
a zîmbi 128
zmeură 64
zonă 37, 45

W

western 119
whisky 65